考古学から学ぶ古墳入門

国立歴史民俗博物館教授
松木武彦 編著

The New Fifties
講談社

はじめに

私たちの先祖は、3世紀から7世紀にかけて、15万基以上の古墳を、日本列島に遺《のこ》しました。これほどの数の古墳を築くときに用いた土は、東京ドームの天井いっぱいにまで詰めたとして、およそ８００杯分の量になります。そのほか、石室などの石を運んで積んだり、埴輪《はにわ》を焼いて立てたりする労力までを考えると、今日でいうＧＮＰ（国民総生産）の半分以上を、古墳の築造という営みが占めていたと推定されるでしょう。

　人々の一日・一年・一生も、古墳造りに深く取り込まれていました。父母や祖父母、おじやおば、一族の長《おさ》や村の代表者、地域の王や女王などのために、農作業の合間をぬっては毎年のように、人々は鋤《すき》や鍬《くわ》をたずさえ、古墳造りの現場に通いました。はるばる大和《やまと》や河内《かわち》に上《のぼ》り、大王の古墳造りに従事した人もいたでしょう。あるいはまた、設計、施工の現場監督、埴輪職人など、古墳造りのプロとなって一生をそれに捧げる人々も、たくさん現れていたにちがいあ

りません。
何代も前に築かれて緑に覆われつつある古墳、葺石《ふきいし》の白や埴輪の赤が目にまぶしいできたばかりの古墳、目下建設中の古墳、縄で囲まれた古墳予定地。どこを見ても古墳でいっぱいの景観の中で、古墳にまつわる親たちのさまざまな語りを聞きつつ育ち、やがては古墳造りに汗をかき、自らもまた古墳に眠ることになる人々。身も心も、彼ら彼女らは「古墳人」だったのです。こんな人々がいた不思議の国へ、この本では旅をします。

まず、古墳のさまざまな魅力にカラー写真で触れていただき、その心髄《しんずい》として日本が世界にほこる百舌鳥《もず》・古市《ふるいち》古墳群をご紹介します。つぎに、古墳の誕生や衰退の歴史をくわしくたどって予備知識を整えたあと、いよいよ古墳そのものへ。実際の発掘のプロセスをたどる形で、古墳の構造や内部のようすを観察します。最後に、いま学界で話題の古墳を訪ね、古墳研究のおもしろさを実地で味わいたいと思います。

松木武彦

岡山県の造山《つくりやま》古墳（100ページ）は、自由に散策し、
巨大古墳を体感することができる貴重な古墳である。

巻頭グラビア

古墳の魅力

大山《だいせん》古墳（大阪府・5世紀）

日本の原点

国づくりに燃えて建設に汗を流した人々、古代聖帝の陵《みささぎ》として畏敬してきた人々、人類の遺産として世界に送り出そうとする人々。何億もの思いを一身に集める長さ525メートルの巨体。

大山古墳（仁徳天皇陵・堺市）。

五色塚古墳《ごしきづか》（兵庫県・4世紀）
土と石の巨大建造物

膨大な土を盛り上げ、無数の石を葺いて築き上げられた古墳は、かつては緑の原野の中に白くそびえる巨大な建造物でした。

保渡田八幡塚古墳《ほどたはちまんづか》

（群馬県・5世紀）

王と人々のメディア

前方後円の形を幾重にもなぞるように並べた埴輪《はにわ》。人物や道具の形につくり、劇場の舞台のように配置した埴輪。古墳は、王を中心とした世界観をみんなが共有し、社会をまとめるためのメディアでした。

石《いし》舞《ぶ》台《たい》古墳（奈良県・7世紀）

迫りくる巨石

巨大な重量の岩が頭上から迫ってくる威圧感が、そこに眠る主の権力を演出しました。

石舞台古墳の横穴式石室。

王塚《おうづか》古墳（福岡県・6世紀）

降りそそぐ色彩

王塚古墳の横穴式石室のレプリカ（国立歴史民俗博物館）。

赤・黄・黒・緑・白の5色で、抽象・具象さまざまな文様を石室の壁いっぱいにちりばめ、現実には存在しない色彩空間をつくり出しました。来世の景観でしょうか。

黒塚《くろづか》古墳（奈良県・3世紀）

王を神にする

真っ赤に染めた棺に眠る亡き王を、多量の鏡や武器で囲み、石室で覆い、粘土で封じ、墳丘のいちばん高いところに据えて神に祀《まつ》りあげました。

黒塚古墳の竪穴式石室（上）と、亡骸《なきがら》を護《まも》る鏡（左）。真っ赤な棺の中央に眠る亡き王を、反射面を内側に向けて棺の外側に並べられた33面の鏡が護っていた（奈良県立橿原考古学研究所）。

ゴホウラを縦切りにした貝輪を写した腕輪形宝器の鍬形石《くわがたいし》（奈良県立橿原考古学研究所）。

島《しま》の山《やま》古墳（奈良県・4世紀）

神の財物《ざいぶつ》

南の海で採れる3種の巻き貝（ゴホウラ・オオツタノハ・イモガイ）からつくった腕輪を、淡緑色の石材で写した宝器。遠い異世界との結びつきを見せることは、人々の中の単なる有力者が、神の力を帯びた聖なる王になっていくための、重要なイメージ戦略でした。

腕輪形宝器2種。オオツタノハを横切りにした貝輪を写した車《しゃ》輪石《りんせき》（上）と、イモガイを横切りにした貝輪を写した石釧《いしくしろ》（下）（奈良県立橿原考古学研究所）。

野中《のなか》古墳（大阪府・5世紀）

英雄のいでたち

4世紀後半から5世紀にかけて、鉄製の甲冑《かっちゅう》が大王のもとで量産され、各地の王や有力者はそれを授かって武装を固めました。列島内だけではなく中国や朝鮮半島までを見据えた大王の武威という英雄的世界観の演出でした。

野中古墳に埋納された多数の甲冑。古市《ふるいち》古墳群を構成する大型前方後円墳・墓山《はかやま》古墳の陪塚《ばいちょう》である野中古墳（一辺37メートルの方墳）に、11組の甲冑が埋められていた（大阪大学考古学研究室）。

金鈴塚《きんれいづか》古墳（千葉県・6世紀）・八幡観音塚《やわたかんのんづか》古墳（群馬県・6〜7世紀）

貴族の装い

6世紀に入ると、誇大な世界観よりも、現実的な制度によって国をまとめ、隣国と交渉する新しい思考としくみが浸透していきます。各地の王や有力者たちも国の地方官となり、その身分や役職を示す飾り大刀《たち》や馬具などが、彼らの古墳に副葬されるようになりました。

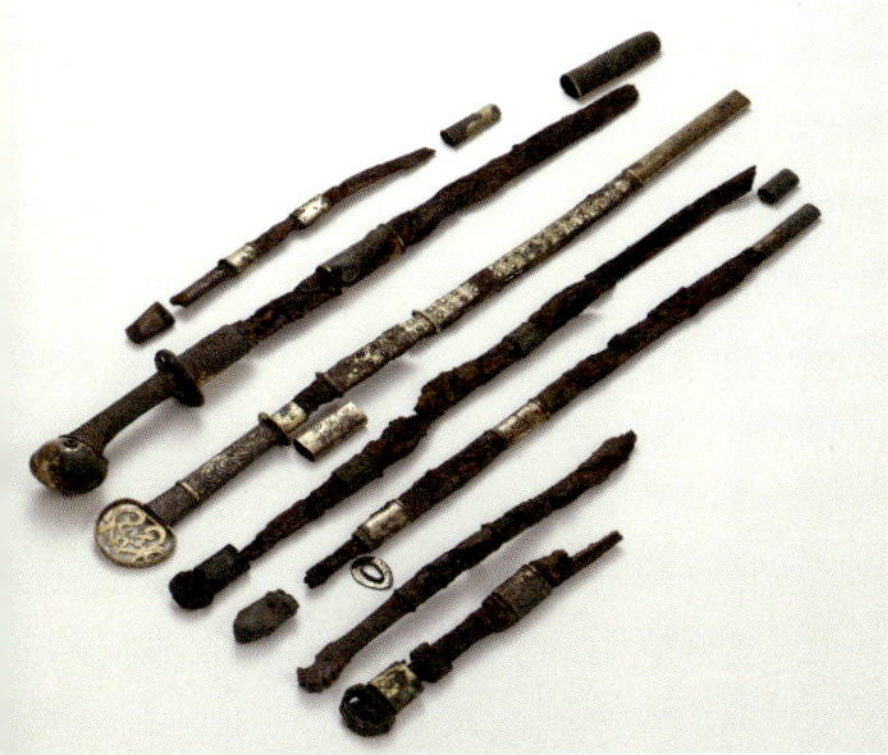

金鈴塚古墳に副葬された装飾付大刀（上）と馬具（右）のセット（木更津市郷土博物館金のすず）。

八幡観音塚古墳から出土した銅製の承台付蓋鋺《うけだいつきふたわん》（高崎市観音塚考古資料館）。

古墳を世界へ

百舌鳥《もず》・古市《ふるいち》古墳群

大阪府南部の平野に並び立つ巨大な古墳群、百舌鳥・古市古墳群。トップクラスのこの古墳群の魅力に迫りましょう。

大山古墳（仁徳天皇陵）の昔と今（堺市）。

ユニークなモニュメント

実生活に何の役にもたたない大きいもの——モニュメント——を競って築く歴史段階が、世界各地の社会で、かなり普遍的に認められます。英国のストーンヘンジ※のように、みんながみんなのために築く先史時代のモニュメントと、エジプトのピラミッドのように、みんなが一人のために築く古代国家のモニュメントと、大きく2つに分かれます。

百舌鳥・古市古墳群に築かれた巨大な前方後円墳は、みんなが一人のために築いたものです。しかし、そのみんなも、それぞれ自分たちのために、身分や力に応じて相応の規模の古墳を築いていました。百舌鳥・古市やその周辺に、大きな前方後円墳だけでなく、何百基もの中小古墳が集まっているのはそのためです。

※新石器時代から青銅器時代にかけてつくられた巨石記念物。

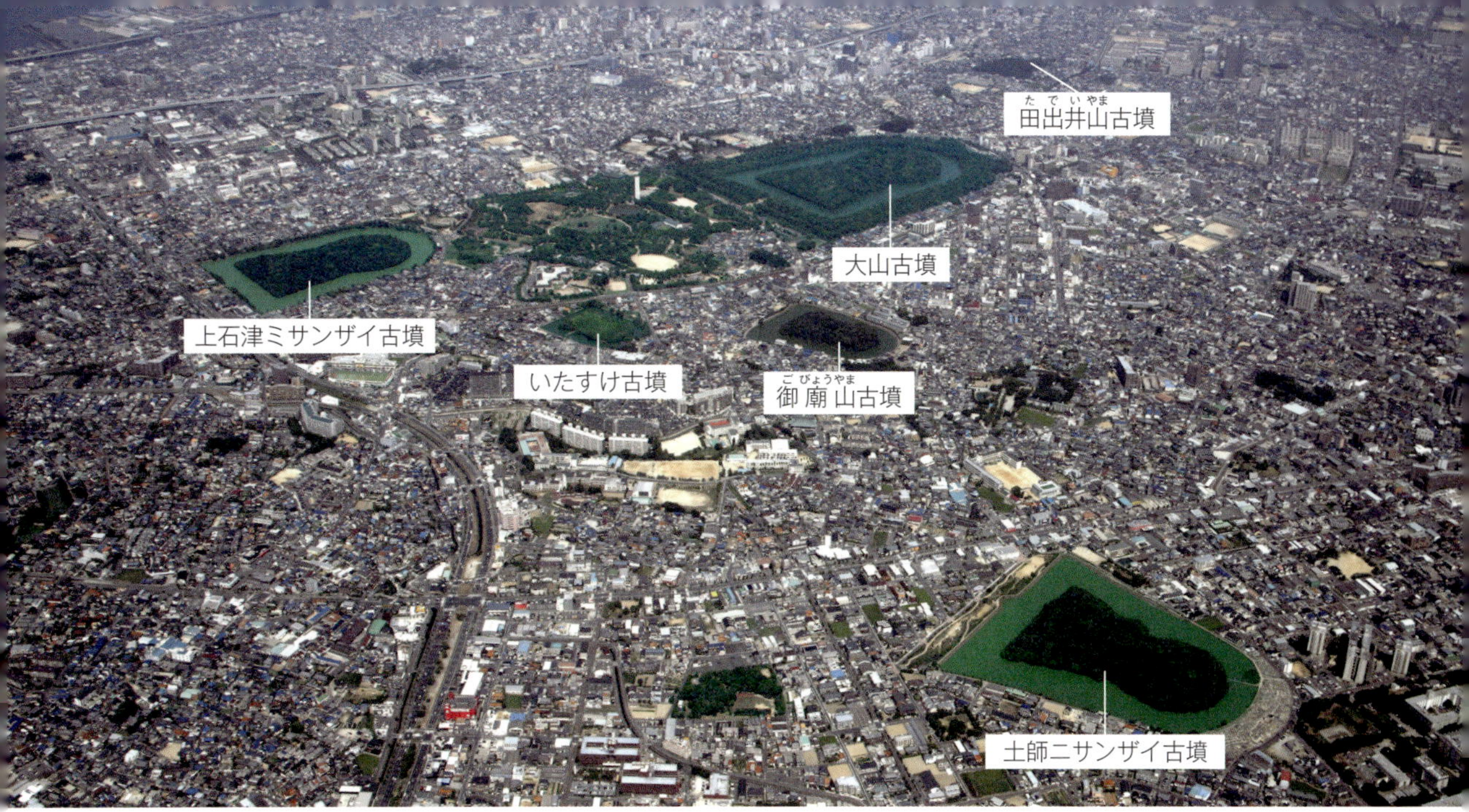

上空から見た百舌鳥古墳群（堺市）。

日本列島の古墳を全体でとらえると、一人のためにみんなが築くピラミッドのような性格と、みんながみんなのために築くストーンヘンジのような性格とをあわせ持つ、人類史上たいへんユニークで貴重なモニュメントといえるでしょう。その一部がいまだに国家の祭祀対象として「現役」であることも、近代社会としては珍しいことです。百舌鳥・古市古墳群は、人類が生み出す文化の多様性を物語る、またとない遺産なのです。

百舌鳥古墳群

海に望む巨大古墳群

百舌鳥・古市と大阪平野に並ぶ二大古墳群のうち、海側（西側）にあるのが百舌鳥古墳群です。もとは大阪湾に面した台地の上にあって、海上からも望めたことでしょう。墳丘の長さ525メートルの大山《だいせん》古墳（仁徳《にんとく》天皇陵）を中心に、上石津《かみいしづ》ミサンザイ古墳（履中《りちゅう》天皇陵、365メートル以上）、土師《はぜ》ニサンザイ古墳（300メートル以上）の3基が300メートル超級の巨大前方後円墳です。これらを中心に、今確認できるだけで44基の古墳からなります。

上空から見た古市古墳群（羽曳野市教育委員会）。

古市古墳群

大王の本拠地へ続く巨大古墳群

百舌鳥古墳群の東方（山側）にあるのが古市古墳群です。大阪湾から、大王の本拠地がある奈良盆地へ向かう道に沿ったところに築かれています。長さ425メートルで全国2位の誉田《こんだ》御廟山《ごびょうやま》古墳（応神《おうじん》天皇陵）を筆頭に、仲《なか》ツ山《やま》古墳（応神皇后・仲津《なかつ》媛命《ひめのみこと》陵、長さ290メートル）、岡ミサンザイ古墳（仲哀《ちゅうあい》天皇陵、242メートル）、市《いち》ノ山《やま》古墳（允恭《いんぎょう》天皇陵、230メートル）、墓山《はかやま》古墳（225メートル）、津《つ》堂城山《どうしろやま》古墳（210メートル）、軽里大塚《かるさとおおつか》古墳（日本武尊《やまとたけるのみこと》陵、200メートル）の7基が200メートルを超えます。これらを含む87基が、現在確認できます。

大山古墳（大仙陵古墳）

日本がほこる世界の巨墳

「ジャイアント！」。国際学会で紹介すると、その大きさに驚嘆されます。3重の周濠《しゅうごう》とその周堤《しゅうてい》までを入れると、総長は845メートルあって、国際的にも五指に入る巨大先史モ

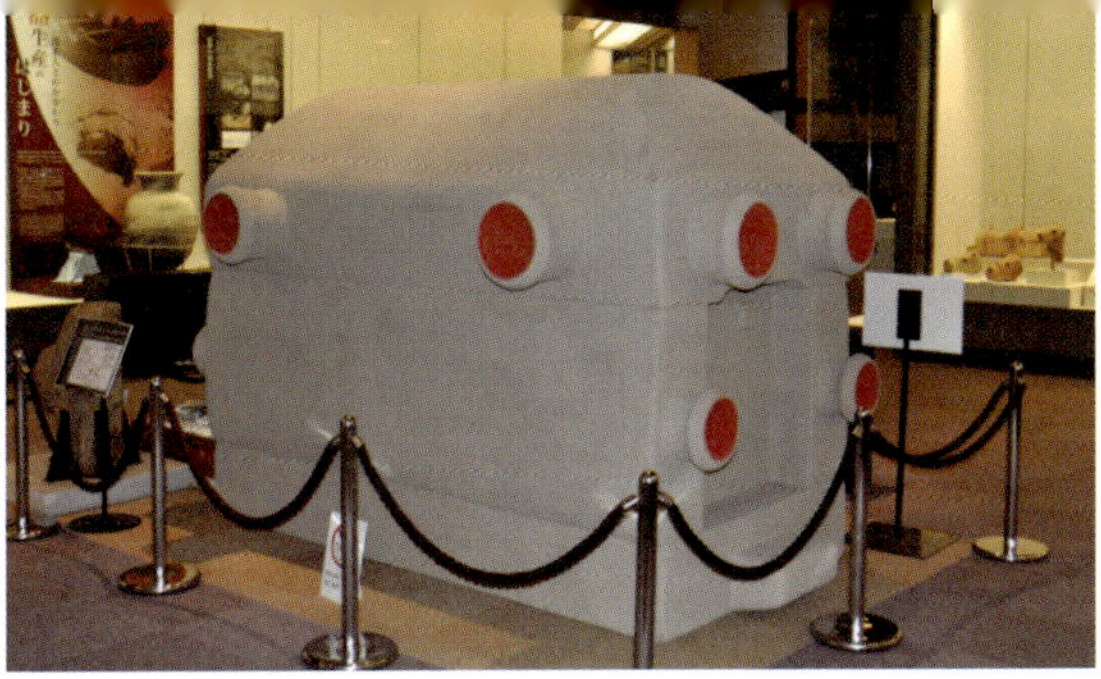

前方部で発見された石棺の復元模型。記録から蓋の長さ 2.4 ～ 2.7 メートル、幅 1.45 メートルほどと推定される。突起の端は赤く塗られていたらしい（堺市博物館）。

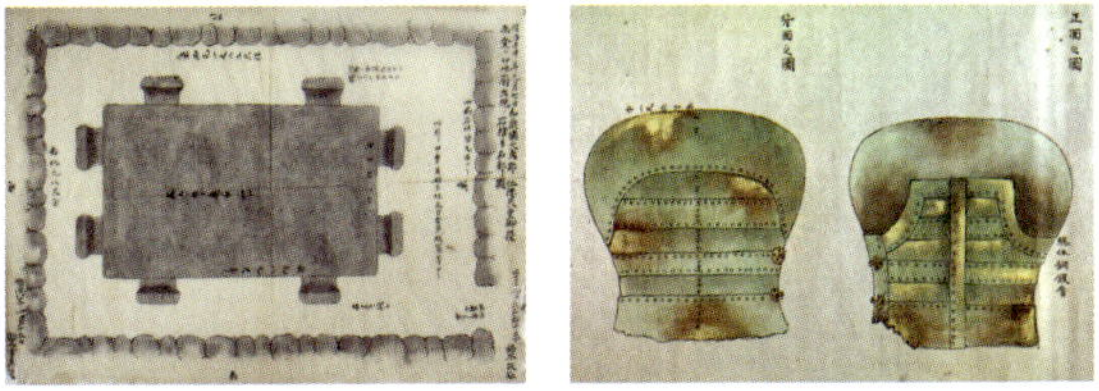

前方部の石棺（左・八王子市郷土資料館）と、石室からの出土品（右・堺市博物館）を記した絵図。黄金に輝く甲冑の表裏面が、近代的な画法で丁寧に記録されている。

大山古墳と周辺の航空レーザー測量図（百舌鳥・古市古墳群世界文化遺産登録推進本部会議）。測量図とは、墳丘の形を等高線などで表した図。かつては古墳の地表で測っていたが、近年では、上空から照射したレーザー光の反射速度のデータをコンピュータ処理して、高精度の測量図を作製できるようになった。

ニュメントです。いったい、どんな人が埋葬されているのでしょうか。

　残念ながら、後円部の石室と棺は、古くに掘り荒らされているようです。江戸時代の書物には、長さ3・18メートル、幅1・67メートルという巨大な長持形石棺《ながもちがたせっかん》（75ページ）の記録があります。

　1872（明治5）年には、前方部前面（後円部と反対側）の2段目の斜面から、竪穴式《たてあなしき》と思われる石室が見つかり、やはり長持形石棺が入っていました。このときに残された絵図やそのほかの記録によると、石室の中から金銅《こんどう》（金メッキをした青銅）製の甲冑、ガラス容器、大刀の金具、鉄刀20本などが発見され、また埋め戻されたようです。

　金銅製甲冑やガラス容器は、列島に数例しかない稀有《けう》の品々で、後円部に対して従属的な埋葬とはいえ、ただ者ではない人が眠っているのでしょう。前方部の石棺より一回り以上も大きい後円部の石棺と石室に、いったい何が入っていたのか、想像もつきません。

誉田御廟山古墳

大王の祀り

誉田《こんだ》御廟《ごびょう》山《やま》古墳（応神天皇陵）は、長さでは大山古墳に次ぎますが、体積では拮抗しています。古くから応神大王の墓とされ、それを祀《まつ》るふもとの誉田八幡宮《こんだはちまんぐう》の奥の院（宝殿）が後円部の上に建てられていた（今は基礎だけが残ります、51ページ）こともあって、棺や石室に関する情報は知られていません。

代わりに周囲の陪塚《ばいちょう》（37ページ）から、大王の葬送にまつわるさまざまな痕跡が発見されています。西側のアリ山古墳（一辺45メートルの方墳）では、多量の副葬品を3ヵ所に分けて埋めたところが見つかり、刀剣・鉄鏃《てつぞく》（鉄の鏃《やじり》）・農工具など、ゆうに2000点を超える鉄製品が出土しました。北側の狼塚《おおかみづか》古墳（直径28メートルの円墳）には、水の祀りをおこなう施設を写した埴輪一式が立てられていました（61ページ）。ほかの古墳から出た類品をはるかにしのぐ大型の逸品です。その西隣の誉田丸山《こんだまるやま》古墳（直径50メートルの円墳）から発見されたと伝えられる国宝の※金銅装《こんどうそう》馬具も有名です。

これらの陪塚から出た鉄製品、水の祀りの大型埴輪、金銅装の馬具は、陪塚そのものに供えられたものというよりも、主墳《しゅふん》の誉田御廟山古墳に葬られた大王に捧げられたものだったでしょう。大王の権威を今に伝える証人たちです。

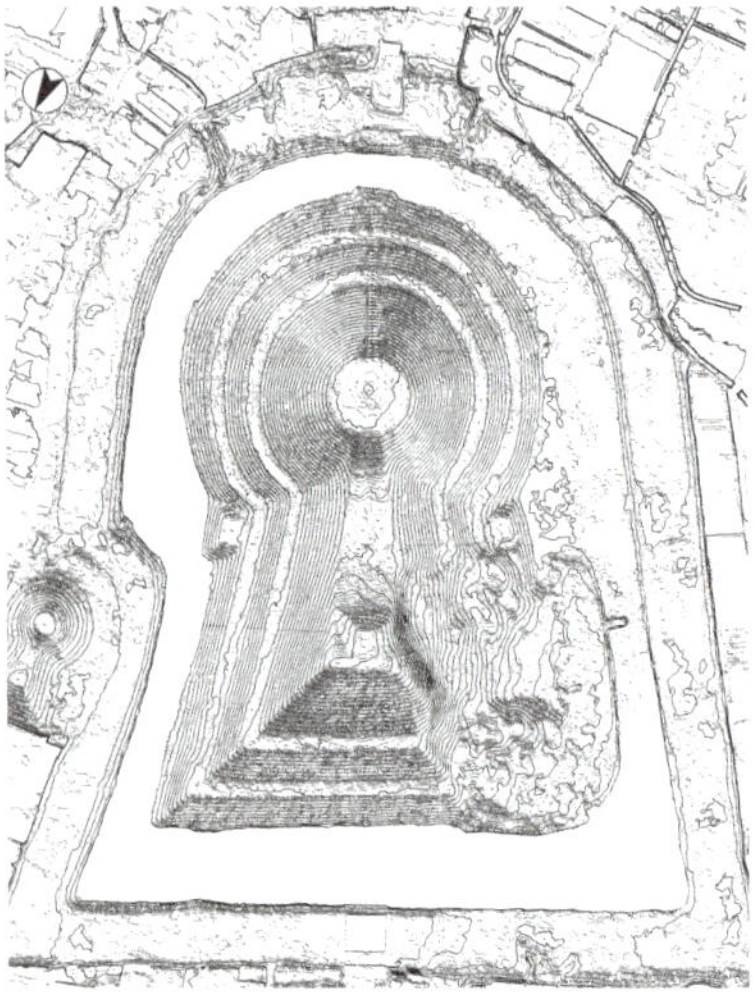

誉田御廟山古墳と周辺の航空レーザー測量図（百舌鳥・古市古墳群世界文化遺産登録推進本部会議）。

誉田丸山古墳から出土したと伝えられる馬具・金銅装透彫《すかしぼり》鞍金具《くらかなぐ》。古墳時代の馬具を代表する逸品で、国宝に指定されている（誉田八幡宮）。

アリ山古墳の鉄製品埋納施設の発見状況（右）と復元（左）（大阪大学考古学研究室・大阪府立近つ飛鳥博物館）。

※青銅や銅に金をかぶせた細工。

発見時の津堂城山古墳の石室と石棺（大阪府教育委員会『大阪府史蹟名勝天然紀念物調査報告　第五輯』大阪府 1934 年より転載）。

復元された津堂城山古墳の石棺（藤井寺市教育委員会）。

津堂城山古墳から出土した巴《ともえがた》形銅器。楯の飾りとして用いられた。４世紀後半に流行した器物で、津堂城山古墳の年代を決める参考となる（宮内庁）。

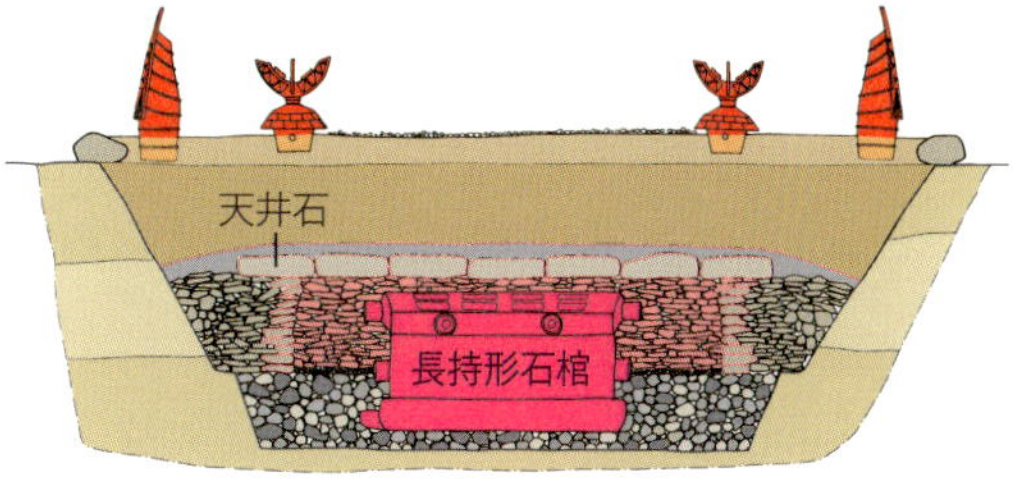

石室と石棺の設置状況（藤井寺市教育委員会）。

津堂城山古墳

始祖の大石棺

津堂城山《つどうしろやま》古墳は、陵墓の探索が進んだ江戸時代から明治時代の初めにかけては、大きな古墳とはみられていませんでした。古くから前方部が荒れ果て、形がわかりにくくなっていたからです。1912（明治45）年に後円部から竪穴式石室と長持形石棺が見つかったことをきっかけに重要さが見直され、後円部のみが「陵墓参考地（皇族の陵墓であるが被葬者を特定する資料に欠けるとされるもの）」となって今日に至っています。

このときの発見物や、その後に進んだ埴輪などの年代研究から、津堂城山古墳は4世紀後半に築造された、古市では最初の大型前方後円墳であることがわかりました。その後100年以上にわたって古市古墳群を築き続けた勢力の始祖の墓だったのです。長さ3・48メートル、高さ1・88メートルの巨大な石棺に眠る古市の始祖とは誰でしょうか。

応神大王の父の仲哀《ちゅうあい》大王（宮内庁が現在「仲哀天皇陵」としている岡ミサンザイ古墳は、仲哀の年代よりも新しすぎる）、その父の日本《やまと》武尊《たけるのみこと》など、近年さまざまな候補者の名前があがっていますが、もとより仲哀大王も日本武尊も実在が確証されない、半ば神話中の人物です。古市の始祖・津堂城山の主をめぐる謎とロマンの霧は、当分晴れそうにありません。

土師ニサンザイ古墳

極限の造形美

長さ300メートル級としては百舌鳥・古市を通じて最後に造られた、5世紀半ば過ぎの巨大前方後円墳です。百舌鳥・古市の巨大前方後円墳は、時代が下るにつれ、後円部よりも前方部を高く造るようになり、とくに3段目（最上段）の比率を増していきます（37・38ページ）。土師《はぜ》ニサンザイ古墳はその極致で、前方部の3段目の高さが、一番高い前端部で2段目以下の3倍にもなっています。トップヘビーがかもし出す独特の威圧感は、西洋建築のゴシック様式にも通じるパワーで人の心を引きつけます。周濠の外側から、前方部の角のあたりに立って墳《ふん》丘《きゅう》を望むと、濃密な樹木を透かしてこの特徴がはっきりとうかがえます。

しかし、長さ300メートル級では、力学的にこれが限界だったのでしょう。土師ニサンザイ古墳以後、前方部をもっと高くしたものも出てはきますが（38ページ）、墳丘規模はぐんと小さくなります。古市古墳群の白髪山《しらがやま》古墳（清《せい》寧《ねい》天皇陵、墳丘長115メートル）やボケ山古墳（仁賢《にんけん》天皇陵、122メートル）などはこの段階のもので、その異様なプロポーションは周濠の外からでも明らかです。このようなものが出てくるともう6世紀。古市古墳群の営みも、そろそろ終わりに近づいていきます。

土師ニサンザイ古墳の航空レーザー測量図（百舌鳥・古市古墳群世界文化遺産登録推進本部会議）。

前方部角の周濠外側から望んだ土師ニサンザイ古墳の墳丘。

古墳のライバルたち

世界の中の百舌鳥・古市古墳群

百舌鳥・古市のような国家形成初期のモニュメントは、世界的に見ても規模が大きくなる傾向があります。エジプトのピラミッドは、最大のクフ王のもので一辺230メートル、高さ146メートル。トルコ中部のアナトリアは巨大墳墓の宝庫で、直径300メートル、高さ50メートルの大円墳があり、その容積は膨大です。中国・秦の始皇帝《しこうてい》陵は一辺350メートル、高さ76メートル。上には上がいますが、多くは単独ないし少数であるのに比べ、日本の古墳はその築造数と広がりで際立っているといえます。

アメリカ大陸では中央アメリカに大きいものが多く、メキシコにあるチョルーラのピラミッドは、一辺が400メートル以上あります。北アメリカで最大をほこるのはカホキアのモンクス・マウンドです。長さ316メートル、幅241メートルの長方形で、高さが30・5メートル。ただし、アメリカ大陸の巨大モニュメントには墓でないものも多く含まれ、ユーラシアのものとは歴史的性質を異にするようです。

①トルコ・ネムルットダー神殿墓（大村次郷撮影・提供）。

②中国・秦の始皇帝陵。

③カホキアのモンクス・マウンド（佐々木憲一撮影・提供）。

④エジプト・ギザの三大ピラミッド（右奥がクフ王のもの）（近藤二郎撮影・提供）。

⑤チョルーラのピラミッド（杉山三郎撮影・提供）。

百舌鳥・古市古墳群　主要部のマップ

百舌鳥古墳群

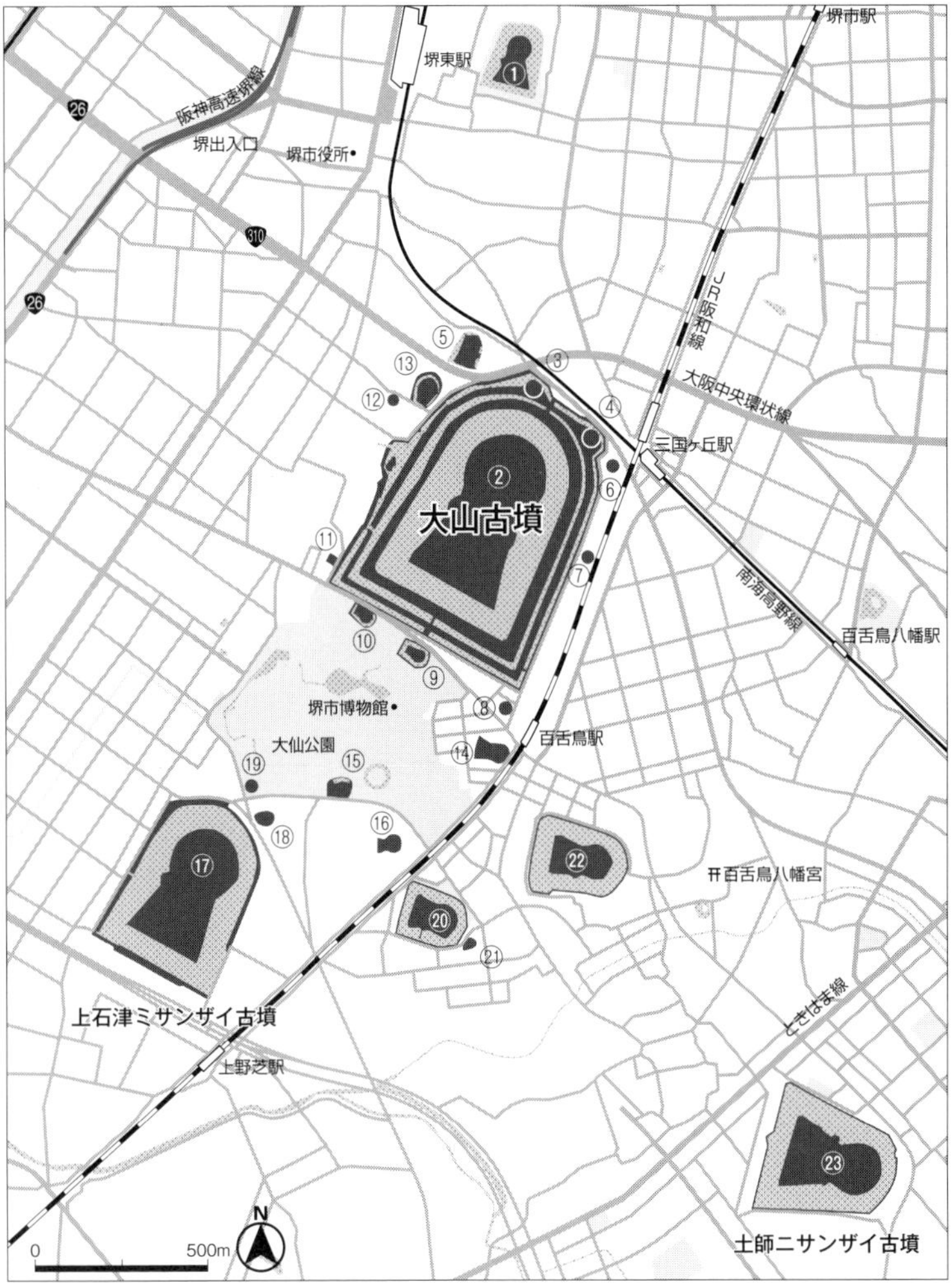

〔主な古墳〕

① 田出井山古墳
② 大山古墳
③ 茶山古墳
④ 大安寺山古墳
⑤ 永山古墳
⑥ 源右衛門山古墳
⑦ 塚廻古墳
⑧ 収塚古墳
⑨ 孫太夫山古墳
⑩ 竜佐山古墳
⑪ 銅亀山古墳
⑫ 菰山塚古墳
⑬ 丸保山古墳
⑭ 長塚古墳
⑮ 旗塚古墳
⑯ 銭塚古墳
⑰ 上石津ミサンザイ古墳
⑱ 寺山南山古墳
⑲ 七観音古墳
⑳ いたすけ古墳
㉑ 善右ヱ門山古墳
㉒ 御廟山古墳
㉓ 土師ニサンザイ古墳

古市古墳群

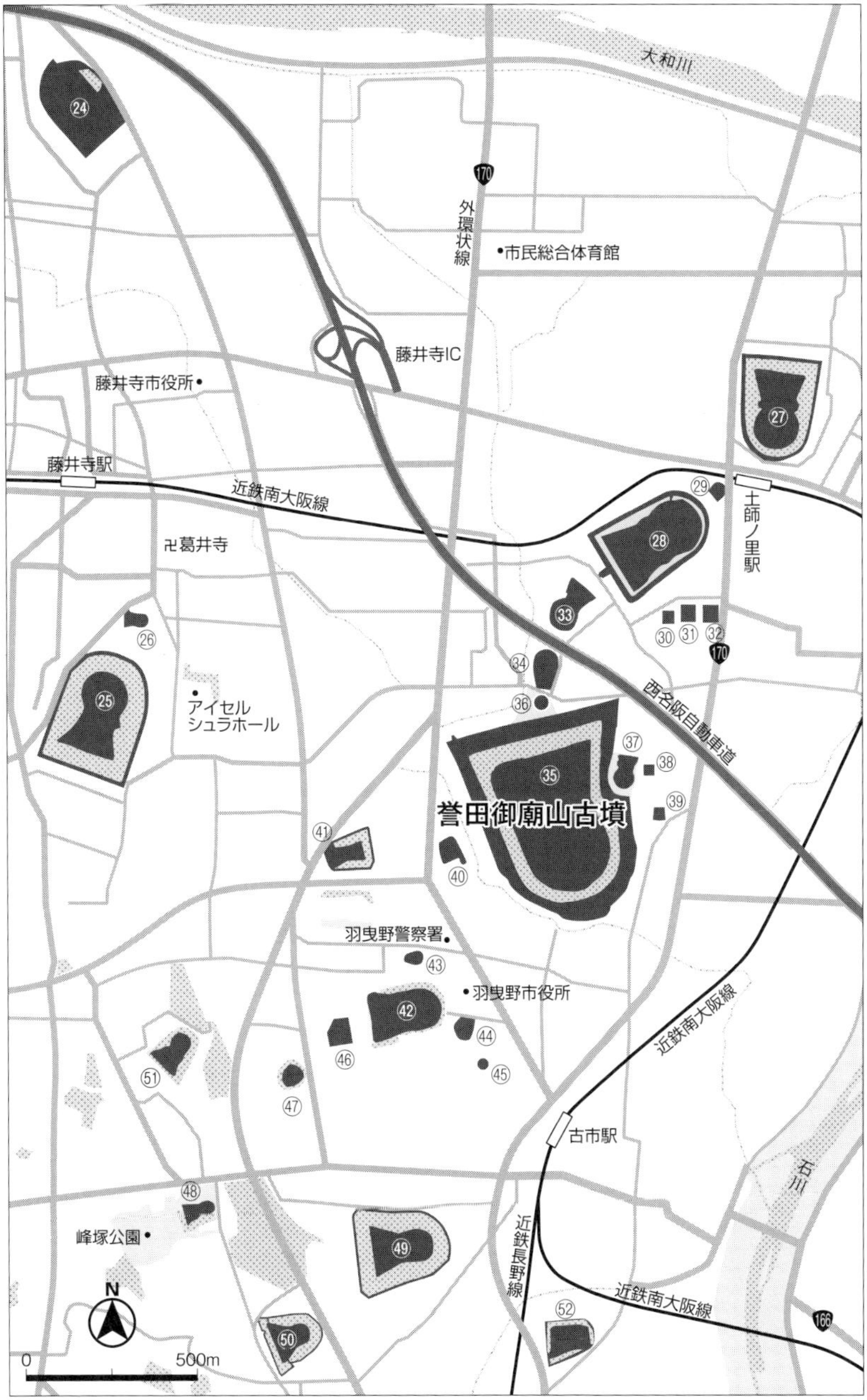

〔主な古墳〕

㉔ 津堂城山古墳
㉕ 岡ミサンザイ古墳
㉖ 鉢塚古墳
㉗ 市ノ山古墳
㉘ 仲ツ山古墳
㉙ 鍋塚古墳
㉚ 助太山古墳
㉛ 中山塚古墳
㉜ 八島塚古墳
㉝ 古室山古墳
㉞ 大鳥塚古墳
㉟ 誉田御廟山古墳
㊱ 誉田丸山古墳
㊲ 二ツ塚古墳
㊳ 東馬塚古墳
㊴ 栗塚古墳
㊵ 東山古墳
㊶ はざみ山古墳
㊷ 墓山古墳
㊸ 野中古墳
㊹ 向墓山古墳
㊺ 西馬塚古墳
㊻ 浄元寺山古墳
㊼ 青山古墳
㊽ 峯ヶ塚古墳
㊾ 軽里大塚古墳
㊿ 白髪山古墳
51 ボケ山古墳
52 高屋築山古墳

目次　『考古学から学ぶ古墳入門』

※「天皇」の称号は７世紀末の天武天皇から使用される。そのため、本書ではそれより前を「大王」と表記する。
※本書に掲載の写真で、無記名のものは著者が撮影（21 ページ始皇帝陵をのぞく）。

話題の古墳へ行ってみよう

編集協力／永渕美加子（株式会社スリーシーズン）
本文レイアウト／髙橋克治（イーツ&クラフツ）
DTP／長谷川慎一（有限会社ゼスト）
装幀／山原　望
イラスト／平松ひろし
（32、39、40、43、63、72、77、78、79、83ページ）
地図製作／株式会社ジェオ（22、23ページ）

古墳の誕生から衰退まで

悠久のときを経ていまに残る古墳は、実は全国各地に存在しています。私たちの先祖の大切な遺産である古墳——。まずは、その誕生から衰退までをたどっていきましょう。

古墳はあなたのすぐそばに

コンビニよりも多い遺産

15万基以上という古墳の数は、日本のコンビニエンス・ストアの店舗総数の約3倍です。古墳は、沖縄以外の46都道府県のすべてにみられ、東北南部以南ではほぼ全部の市町村に存在します（あとでみるように、沖縄にも古墳に類する墓があります、44ページ）。おおかたの市町村には数基から数十基の古墳が分布し、数百の古墳をもつ市もあります。

なぜ、古墳はこれほど身近にたくさんあるのでしょうか。

答えは簡単。たくさんの人が古墳を築いたから。つまり古墳時代(3世紀後半〜7世紀)には、中流以上のおおかたの人々は古墳を造り、死ねばそこに葬られていたのです。

長さが400メートルを超える大豪族や大王の巨大前方後円墳から、地方の中流家族が造った直径10メートルばかりのミニ古墳の群れ（群集墳）まで、古墳は実にすそ野が広いのです。とくに、6世紀後半以降の群集墳は横穴式《よこあなしき》石室をもち、数十基から数百基が群れをなすことがあります。また、急斜面の岩盤に穴をあけて墓室とし、死者を葬ったものもあります(横穴墓《よこあなぼ》)。

群集墳や横穴墓から、重要文化財クラスの華麗な副葬品が出土することも珍しくありません。小さくても、大きな富と労力をつぎこんで、古墳は造られたのです。万民が立派な墓——古墳——を築く。こんな特異な現象は、どのようにして現れたのでしょうか。次に、その成り立ちを見ていきましょう。

古式の群集墳

奈良県宇陀《うだ》市の野山古墳群。5世紀中ごろ～6世紀初めの中流家族の墓が尾根上に並んでいる。墳丘が低く、棺も木製のため腐っているので地表からはそれとわかりにくいが、発掘調査をすれば累々と出てくる（奈良県立橿原考古学研究所）。

生活の中の古墳

愛知県豊川市の船山《ふなやま》1号墳。5世紀の前方後円墳の後円部（左奥）には社《やしろ》があって、鳥居が立ち、地元の信仰を集めている。前方部（右手前）は、近代の市街化で少し削られた。そこを地元の教育委員会が調査している。下校中の小学生が通り過ぎていく（上野祥史撮影）。

横穴墓

埼玉県吉見町の吉見《よしみ》百穴《ひゃっけつ》。6～7世紀の中流家族たちが斜面の岩盤に横穴をあけ､墓とした。「百穴」というが、実際には200以上の横穴があるという。ただし写真中央下やや右の大きな穴は、第二次大戦時の地下軍需工場のあと。国指定史跡。

横穴式石室をもつ新しい群集墳

岡山県総社《そうじゃ》市の三因《みより》古墳群。6世紀末～7世紀前半の中流家族の墓。付近には、同じような小古墳が200基以上も集まっている。この3基は、道路拡幅の工事のため、少し位置をずらして元のとおりに復元・整備された。

いつ、どのように現れたのか

古墳以前の弥生時代の「古墳」

古墳時代の前の弥生時代（紀元前10世紀〜紀元後3世紀前半）にも、人々はもちろん墓を造っていました。しかし、それらの大多数は、木や土器の棺、または素掘りの墓穴が何十、何百と集まった集合墓地で、墳丘《ふんきゅう》はありませんでした。土地に恵まれた近畿・東海・関東などでは、それぞれの棺や墓穴を溝で囲んだもの（周溝《しゅうこう》墓《ぼ》とよびます。四角く囲んだ方形《ほうけい》周溝墓が主ですが、円《まる》く囲んだ円形《えんけい》周溝墓もあります）が、広い平地に群をなしました。その大小や副葬品の有無によって格差をみせない、平等原理の集合墓地でした。

農耕が発展して人口が増えた紀元前1世紀から紀元後1世紀にかけては、集合墓地の中やかたわらに、ひときわ大きな周溝墓が現れました。溝よりも盛り土が目立つ小高い墓なので、墳丘墓とよばれます。紀元後2世紀には、山陰や瀬戸内などで墳丘墓はさらに発達し、石を貼ったり、突出部とよばれる出っ張りを付けたりして大型化します。貼り石は古墳の葺石《ふきいし》に、突出部は前方部に受け継がれる要素ですから、この段階の墳丘墓は、古墳にかなり近づいたといえます。ただし一般の人々はまだ、かつてからの集合墓地に葬られました。

王墓としての前方後円墳

状況が変わるのは3世紀に入るころです。それまでの集合墓地が途絶え、一般の人々も、中流以上は個人や小さな血縁集団（人骨の歯の分析から兄弟姉妹と考えられています）ごと

〔時期ごとにみた弥生時代のおもな墳丘墓〕

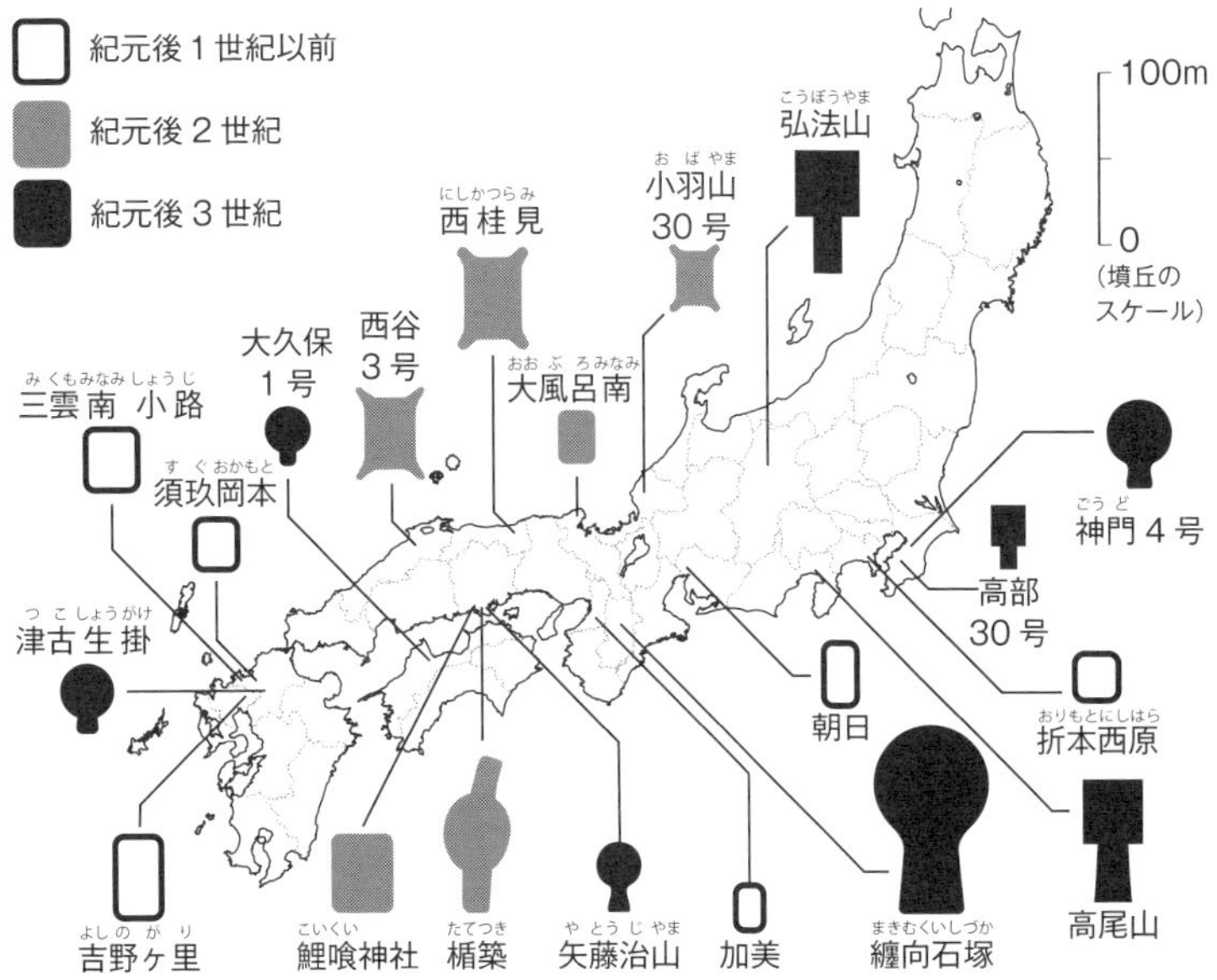

紀元後１世紀までは、いずれも長方形で、九州に大きいものが多い。紀元後２世紀には、複数の突出部をもった大きなものが山陰・北陸・瀬戸内に現れる。紀元後３世紀になると突出部は一つになり、九州から関東にまで広がる。前方後円形と前方後方形の２種類があり、前方後円形の大きいものは奈良盆地にある。前方後方形は東日本に多い。

に、それぞれ墳丘墓を造るようになります。同時に、これらの墳丘墓の中に、より大きく築いたり、突出部を付けて前方後円や前方後方の形にしたりして、まわりに差をつけたものが現れました。一族の長《おさ》や、地域の王となりつつあった有力者などが、地位や力を墓に表すようにな

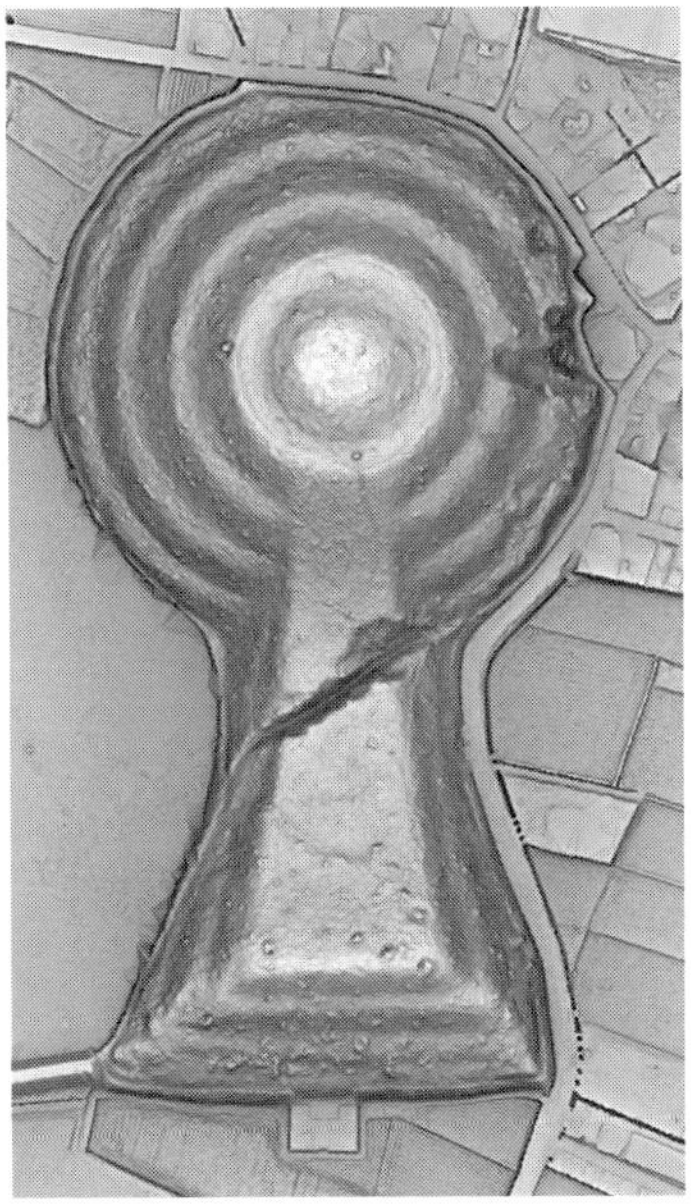

奈良県桜井市にある最古の巨大前方後円墳の箸墓古墳。墳丘の長さは280メートル、高さ約26メートル。後円部は5段（ただし最上段は礫の丸山）に築かれ、上面がスロープ状になった前方部が取り付く。前方部にも段がある。宮内庁が管理しており、内部のくわしいことは明らかになっていない（アジア航測株式会社）。

ったのです。万人が墳丘墓を造り、その大きさや形で地位や力をしめしたものを古墳というなら、これが古墳の出現だといえるでしょう（古墳出現の社会的画期）。

　紀元後3世紀の中ごろ、各地の王たちの前方後円形の墳丘墓の中で、ひときわ高く大きく、整った形に築かれたものが、奈良盆地に現れました。長さ280メートルの箸墓《はしはか》古墳です。各地の王たちが擁立《ようりつ》した最初の大王（倭王《わおう》）の墓だといわれています。箸墓をもって古墳の出現とする考えかたも有力です（古墳出現の政治的画期）。

〔古墳の形や大きさで地位を示した〕

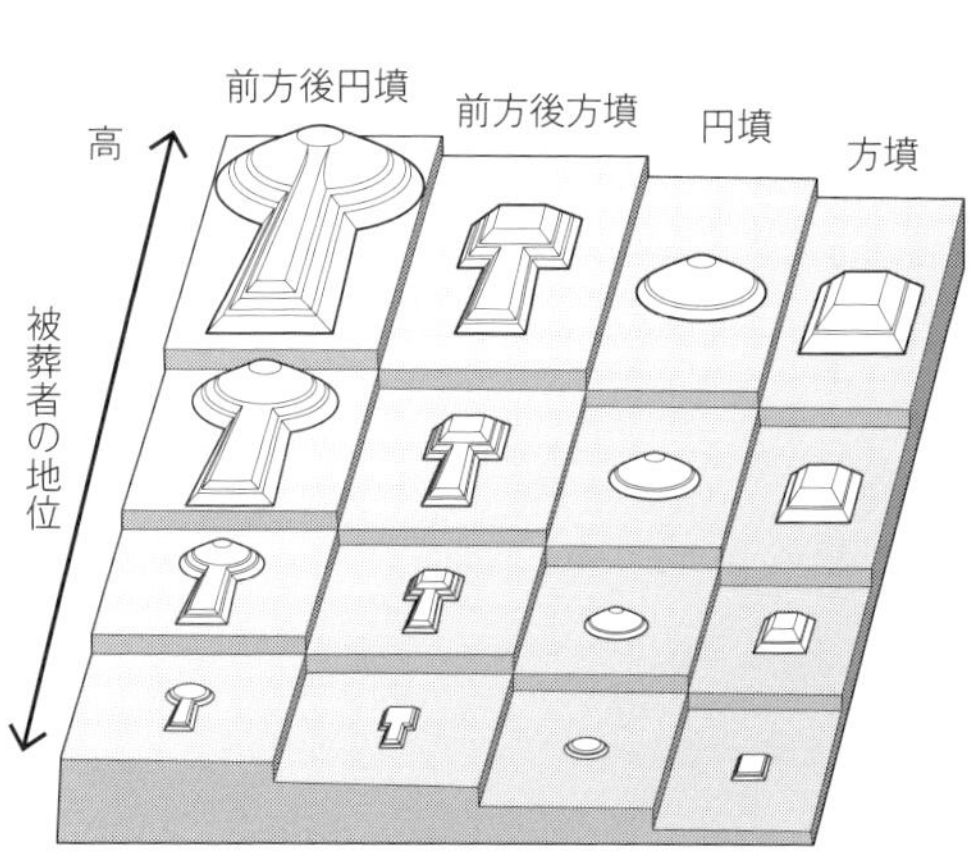

前方部・後円部ともに３段の巨大前方後円墳を頂点に、古墳の形と大きさで地位や力を表示する社会のしくみ。これが続いた期間が古墳時代である（都出比呂志原図）。

　4世紀後半になると、長さ200メートルを超える巨大前方後円墳を核とした大きな古墳群が奈良盆地や大阪平野に現れます。その勢力の中から、大王が擁立されました。大王を立てた各地の王や有力者たちも、大王との親密さや力の差に応じ、さまざまな大きさの前方後円墳や前方後方墳、円墳や方墳を築きました。その最下層をなすのは、王や有力者の下の中流の人々が築いた小方墳・小円墳です。

　集合墓地から、個人や小さな血縁集団による個別の墳丘墓へと墓の造りかたが変わり、その中からひときわ大きく整った王の墓が生み出されるというのは、3〜4世紀の東アジア、とりわけ朝鮮半島の各地と共通した歩みです。

　漢（紀元前206〜紀元後220年）が滅び、周辺への統制力を失った中国のかたわらで、諸民族が競い合いながら、それぞれの国家へとまとまっていく。このような世界史的な激動の一翼として、古墳は現れたのです。

形とその意味

「前方後円」はどこからきたか

古墳を代表する前方後円墳。その不思議でちょっとかわいい形は、何を表しているのでしょうか。各地の前方後円墳の名前によくある「瓢《ひょう》箪《たん》山」「茶臼《ちゃうす》山」「二子塚《ふたごづか》」「車塚《くるまづか》」などは、どれもその形にちなんだものです。欧米には「キーホール・シェイプト・テュミュラス（鍵穴形の塚）」と紹介され、英語の論文や国際学会などで、この用語はいまもさかんに使われています。「前方後円」という呼び名を考え出したのは、江戸時代後期の儒学者・蒲生君平《がもうくんぺい》です。天皇陵や皇后陵を調べ歩いた彼は、それらの形を、貴人が乗る車をかたどったものと考えました。後円部を乗る部分、前方部を轅《ながえ》（引き棒）に見立てたのです。こののち、壺《つぼ》、盾《たて》、子宮《しきゅう》など、何かをかたどったものとみるさまざまな説が、次々に唱えられました。

絵図に描かれた前方後円墳

蒲生君平の仕事を出発点として、江戸時代の終わりに近づくころから、尊王の思想の高まりを受けて、放置されていた陵墓の探索や保護がおこなわれるようになった。近代的な実測図や写真などの記録技術がほとんどなかった当時、絵図は唯一の記録手段だった。古墳の形についての、当時の人々の感覚や認識が読み取れる（国立国会図書館）。

弥生時代の墳丘墓から古墳へ

前方後円墳は、弥生時代の大型墳丘墓（30ページ）から発達したことがわかってきました。

〔弥生時代墳丘墓から古墳へ〕

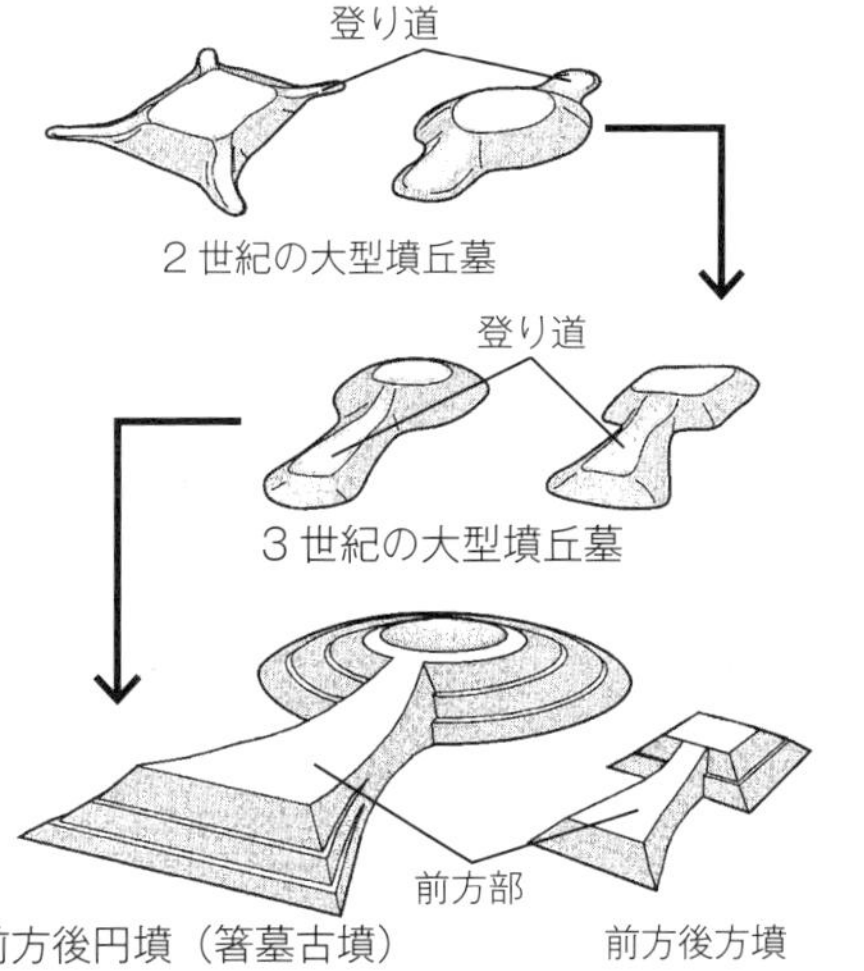

松木武彦 2007『旧石器・縄文・弥生・古墳時代 列島創世記（全集 日本の歴史 1）』より、一部改変。

方形や円形の墳丘に登る道が、2世紀には4つまたは2つ付いていたのが、3世紀に入るころ、1つにしぼられ墳丘も高くなります。被葬者（葬られる人）が眠るところへのアクセスが制限され始めたのです。

この種の墳丘墓のうちから、3世紀の中ごろ、特に大きく、幾何学的な多面体の建造物として築かれるものが現れました。これが前方後円墳で、その最初にして当時最大のものが箸墓《はしはか》古墳（31ページ）です。もともと登り道だったところは、むしろアクセスを拒むように高く造られて前方部となり、後円部に眠る被葬者の威厳をもり立てました。

このように、前方後円墳の形は、何かをまねてつくり出されたものとは考えられません。円形の墳丘にとりついていた登り道が1つにしぼられ、高くなったことが、前方後円という形の成り立ちです。それはまた、まだ人々に親しい存在だった弥生時代の有力者が、威厳を身に帯びた近づきがたい王へと変ぼうをとげた証でもありました。

前方後円墳の発達と完成

最初の大型前方後円墳・箸墓は、その後の前方後円墳のプロトタイプ（祖型《そけい》）になったと考えられています。それを受け継ぐ大型前方後円墳の形の変化を見ていきましょう。

初代の箸墓古墳は、5段（ただし最下段は基《き》壇《だん》的なものとして数えない説もある）の後円部に前方部が取り付けられた形をしています。前方部にも段はありますが、後円部の段とスムースにはつながりません。4世紀中ごろの渋谷《しぶたに》向山《むかいやま》古墳（景行《けいこう》天皇陵）になると、前方部と

〔前方後円墳の発達から完成へ〕

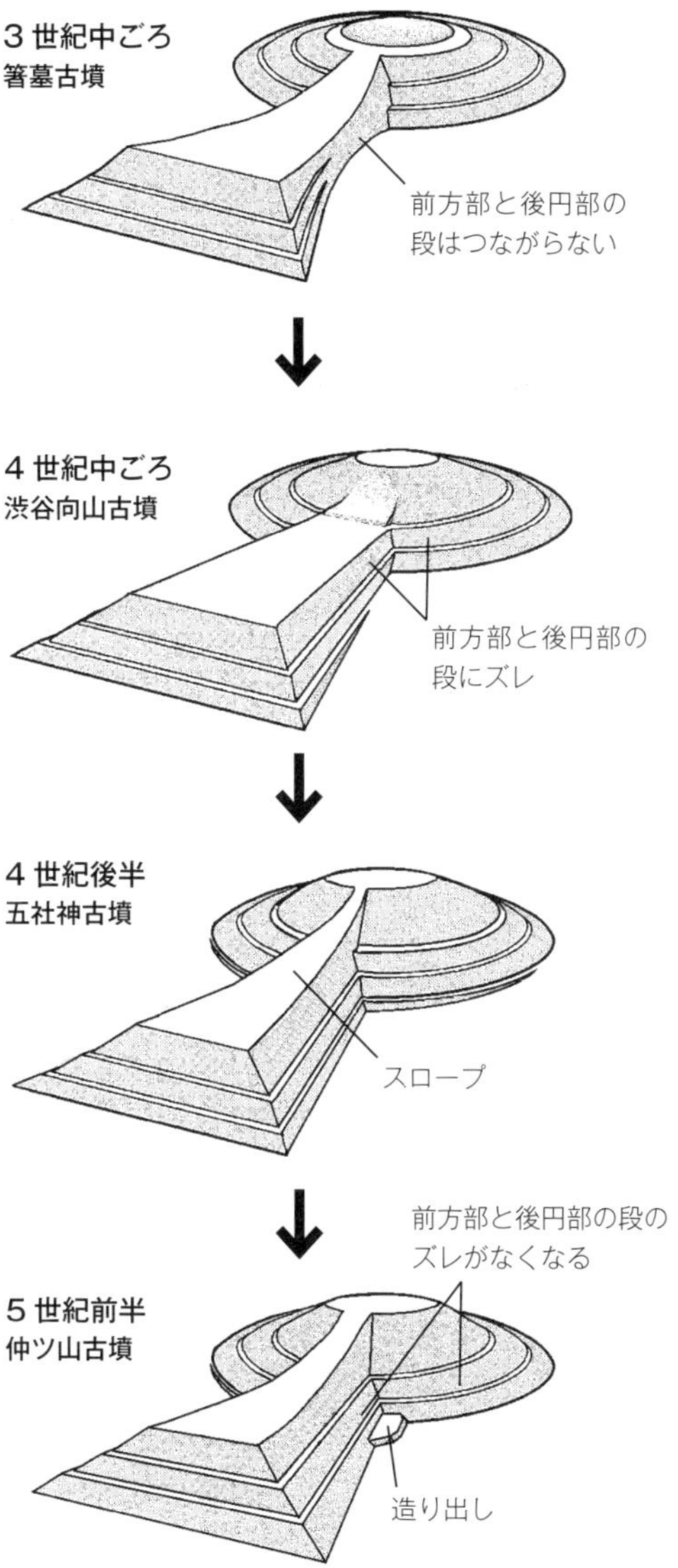

後円部の段をつなごうとする意識が見えてきます。ただし、前方部の上・中段が後円部の中・下段につながるというズレがあります。4世紀後半の五社神《ごさし》古墳（神功《じんぐう》皇后陵）は、後円部と前方部の上面を一連のスロープで連続させますが、段のズレはまだ残っています。

ズレが解消され、前方部の上・中・下段が後円部の上・中・下段と完全につながって一連の3段築成《ちくせい》となったのが、5世紀前半の仲《なか》ツ山《やま》古墳（仲津《なかつ》媛命《ひめのみこと》陵、古市《ふるいち》古墳群）です。前方部と後円部の接点に、造り出しという出っ張りが現れました。前方後円墳の完成形態です。

変則と地域色

いま見たような墳丘の発達がみられるのは、近畿中央部の大型前方後円墳です。スタンダードといえるこれらとは別に、地方ではローカル色や個性の強い前方後円墳が、3世紀から4世紀のあいだは造り続けられました。

主部を方形にした前方後方墳はその代表で、西日本にもありますが、東日本にたくさん分布します。全体に前方後円墳より小さく、2段築成が主流です。5世紀には激減します。

前方後円墳も、地方のものには崩れや変形が目立ちます。長野県の森将軍塚《もりしょうぐんづか》古墳は、後円部がゆがんだ楕円形で、段はありません。香川県には、しゃもじ形の低い前方部をつけた「讃岐《さぬき》型前方後円墳」が分布します。石を積み上げて墳丘を造るのも特徴です（114ページ）。

王権の拡大と前方後円墳の広がり

5世紀前半に完成の域に達した近畿の前方後円墳は、さらに大型化し、5世紀中ごろには長さが400メートルを超え（誉田御廟山《こんだごびょうやま》古墳＝応神天皇陵、古市古墳群）、ついには500メートルに達しました（大山古墳＝仁徳天皇陵、百舌鳥《もず》古墳群）。

この時期には、近畿のものとまったく同じスタンダードな大型前方後円墳が、遠く離れた地方にも現れます。上石津《かみいしづ》ミサンザイ古墳（履《り》中《ちゅう》天皇陵、百舌鳥古墳群）とほぼ同形同大の岡山県造山《つくりやま》古墳や、仲ツ山古墳をそのまま縮小した宮崎県の女狭穂塚《めさほづか》古墳は、その典型です。大王の王権が、地方への影響力を強めたことの証でしょう。

各地の大型前方後円墳（「主墳《しゅふん》」）のまわりを、

前方後方墳である石川県雨の宮1号墳（中能登町教育委員会）。

変形した前方後円墳・長野県森将軍塚古墳（千曲市教育委員会）。

讃岐型前方後円墳の香川県野田院《のたいん》古墳（善通寺市教育委員会）。後円部は石を積んで造るが、前方部（右上）は土築で、讃岐型前方後円墳の中でも個性的な例。

「陪塚《ばいちょう》」とよばれる中小の古墳が取り巻き、大王を含む大有力者たちを頂点とする、階層的な身分構造を示しました。その一員としてこの時期に現れる墳丘の型式が、帆立貝形古墳《ほたてがいがた》（帆立貝式古墳ともいいます）です。低くて短い前方部を特徴とする前方後円墳の亜種ですが、長さ130メートルで全国最大をほこる奈良県の乙《おと》女山《めやま》古墳のように、単独の有力墳として築かれることもありました。

帆立貝形古墳は、5世紀の後半には列島の広い範囲にたくさん現れます。これを、大王の王権が地方をますます強力に統制し始めたことの反映とみる説があります。

前方後円墳の退化と地方型式の再現

前方後円墳は、5世紀を通じて前方部最上段の高さが増していきます。それを支えるため、前方部の幅も広がります。5世紀半ば過ぎの土師《はぜ》ニサンザイ古墳（長さ約300メートル、百舌鳥古墳群、20ページ）はその極みですが、以後、墳丘の規模は小さくなります。

女狭穂塚古墳（右・宮崎県立西都原考古博物館）と仲ツ山古墳（左・百舌鳥・古市古墳群世界文化遺産登録推進本部会議）。仲ツ山古墳を５分の３に縮小した形が女狭穂塚古墳と考えられている。

帆立貝形古墳

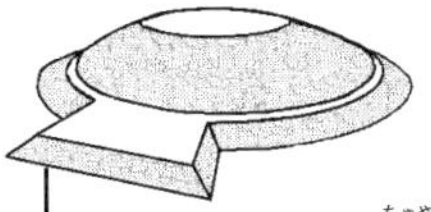

前方部が短くても後円部下段と同じ高さをもつものを帆立貝形古墳という。それよりも低い場合は「造り出し付き円墳」（40ページ）になる。

大山古墳とその周辺の古墳

大山古墳（仁徳天皇陵）と、それを取り巻く陪塚。現在消滅している古墳も含む。

5世紀半ば
土師ニサンザイ古墳

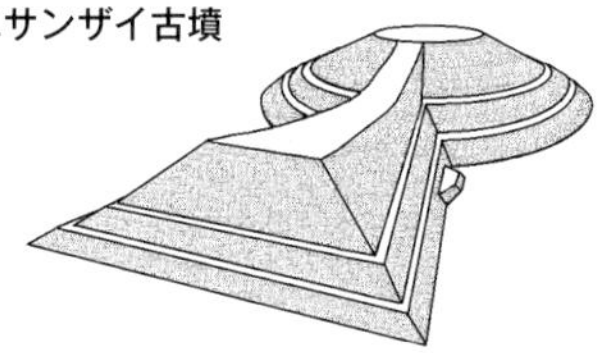

前方部が高くなる。

6世紀初頭
白髪山古墳

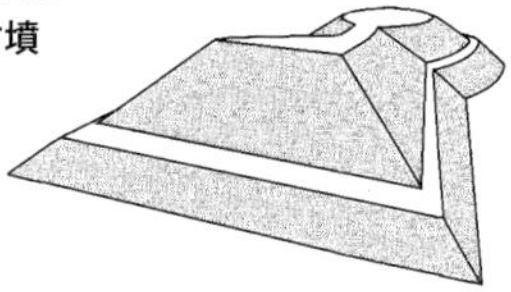

2段になり前方部が極大となる。

6世紀前半
鳥屋《とりや》ミサンザイ古墳

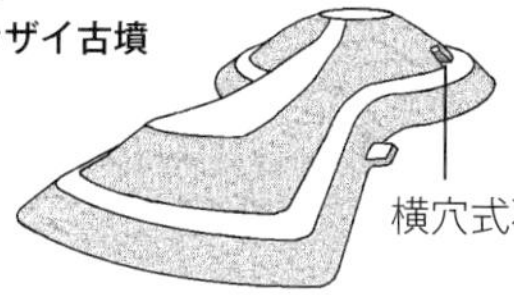

横穴式石室が設けられた。

6世紀前半
河内大塚山古墳

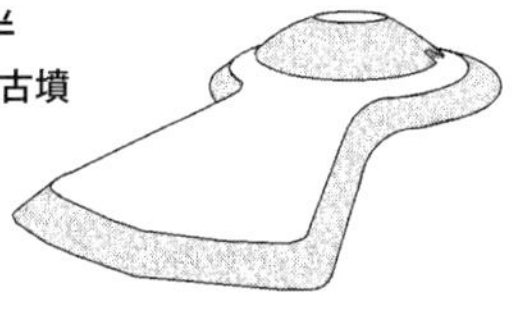

前方部の高さはなく、平たい。

6世紀後半
吾妻《あづま》古墳

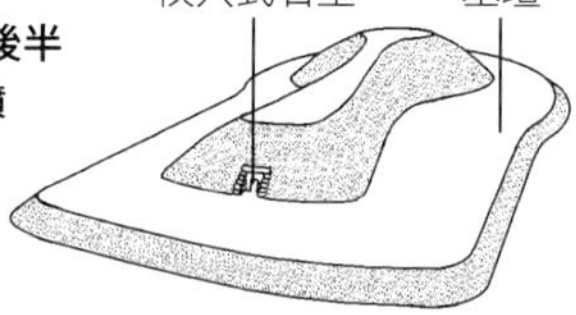

下段が極端に広い「下野型前方後円墳」。

6世紀に入るころから墳丘は上下2段が通常となり、上段には、折から導入された横穴式石室（76ページ）が設けられます。墳丘の変化や崩れがさまざまな方向に進み、前方部を極大にした白髪山《しらがやま》古墳（清寧《せいねい》天皇陵、古市古墳群）や、反対に平たくした河内大塚山《かわちおおつかやま》古墳（大塚陵墓参考地、古市古墳群）、奈良県五条野丸山《ごじょうのまるやま》古墳のようなものが現れました。角やくびれが甘くなって丸みを帯び、前方部が弧を描いたり中央が飛び出したりした例もみられます。

　地域色も再び強まりました。たとえば、栃木県を中心とする「下野型《しもつけがた》前方後円墳」は、下段が極端に広がって「基壇《きだん》」となり、横穴式石室が前方部正面に開く地方型式です。

　6世紀には、中央や地方の統治機構、身分制度がしだいに発達し、古墳の規模や形に身分や制度を映す必然性が薄れていきます。以上のような前方後円墳の退化には、そうした背景があったと考えられます。

方墳と円墳は大小さまざま

古墳の圧倒的多数を占めるのは方墳と円墳です。両者は、中流の人々の小古墳として、3世紀から7世紀にかけて各地で築かれました。5世紀の中ごろまでは方墳が多く、以後はほぼ円墳になります。6世紀後半以降には横穴式石室を設け、「群集墳」としてしばしば一ヵ所に多

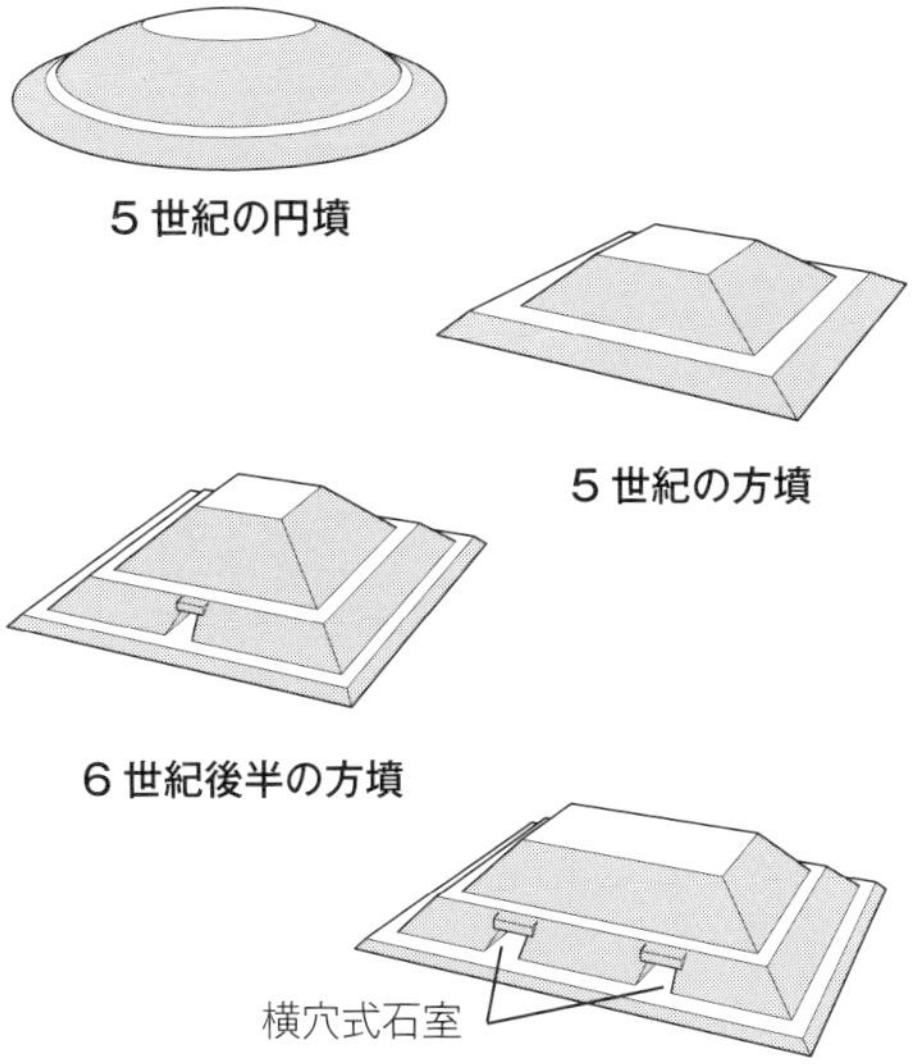

数が集中します（29ページ）。

方墳が、王や有力者の古墳として大型化することもありました。3〜4世紀の出雲東部（島根県東端部）は、王の墓として、前方後円墳ではなく大型の方墳を築きました。

前方後円墳がなくなる6世紀後半の近畿には、大王や大豪族の墓として、大型の方墳が林立しました。基本は2段で、下段に横穴式石室を設けますが、しばしばその下に基壇がついて3段に見えます。墳丘を長方形にし、長辺に2つの横穴式石室を並べることもあります。推古大王と息子の竹田王子《たけだのみこ》が眠ると伝えられる大阪府の山田高塚《やまだたかつか》古墳は、その最大の例です。

円墳もまた、5世紀には、一部の地域で、王の古墳として大きく築かれました。6世紀後半以降の大王一族や大豪族の墓にも、いくつかの大型円墳がみられます。

特異な墳丘形態

前方後円墳（亜種の帆立貝形古墳を含む）・前方後方墳・方墳・円墳は、古墳の主要4形態ですが、それ以外にも、わずかながら特異な墳丘形態が現れました。

石川県須曽蝦夷穴《すそえぞあな》古墳

7世紀に築かれた能登半島の長方墳。約25メートルの長辺に横穴式石室が2つ並び、海を望んでいる（七尾市教育委員会）。

双方中円墳《そうほうちゅうえんふん》は、後円部の両側に前方部が付く形で、確実なものは3〜4世紀の讃岐（いまの香川県）に数基が知られています。円形に2つの登り道が付いた弥生時代の墳丘墓から直接発展したものだとする説があります。最大ののは長さ152メートルを測る奈良県の櫛山《くしやま》古墳ですが、片方の前方部が短く、讃岐のものとは別系譜の可能性があります。

5世紀の前方後円墳に現れる造り出しは、円墳や方墳にも付きます。複数の造り出しをもつものもあり、方墳の向かい合う二辺に付いた三重県の明合《あけあい》古墳、隣り合う二辺に付いた島根県の大庭《おおば》鶏塚《にわとりづか》古墳などがあります。造り出しは帆立貝形古墳（37ページ）にも付き、後円部に付いた乙女山古墳や東京都の野毛《のげ》大塚《おおつか》古墳、前方部に付いた岡山県の天狗山《てんぐやま》古墳など、いろいろなヴァリエーションがみられます。

円と円が結合したものは双円墳《そうえんふん》といわれ、大阪府の金山《かなやま》古墳が確実な例です。方と方とが結合した双方墳は、発掘してみると2基の方墳が密接して並んだものがほとんどです。

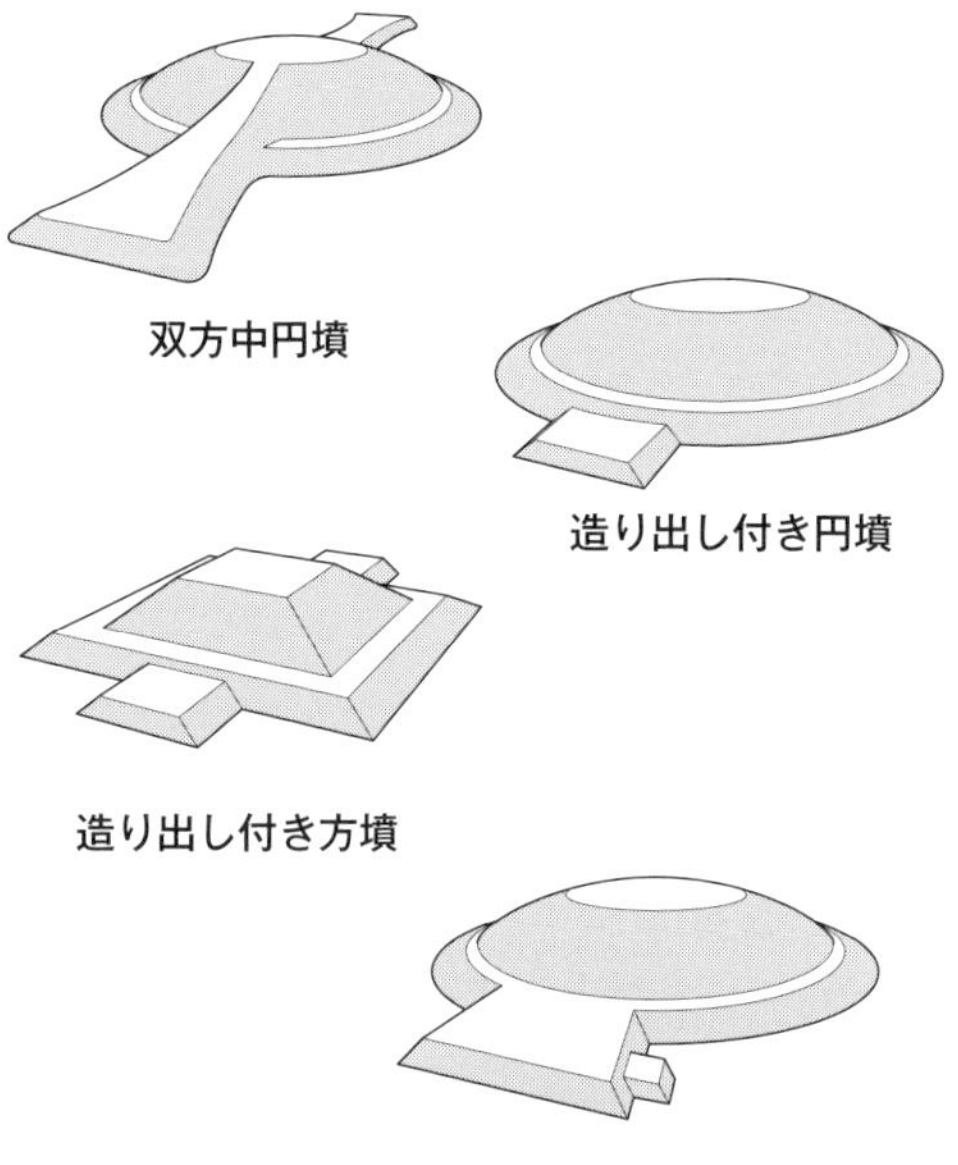

双円墳（大阪府金山古墳）
円同士が結合した形の双円墳（河南町教育委員会）。

なぜ、古墳は消えたのか

大陸からやってきた古墳終焉の波

先に述べたように、古墳は、個人や小さな血縁集団による個別の墳丘墓です。その中から、周囲に差をつけた有力者の墓や、ひときわ大きく整った王の墓が生み出されたのでした。これは、日本列島（倭）だけではなく、朝鮮半島各地でも広く同じように進んだ歩みでしたが、古墳の終わりもまた、東アジア全体にわたる大きな歴史現象です。

文字の使用が進み、社会の制度が整ってくると、墓の形や大きさで地位や身分をしめす必然性も少なくなります。仏教や儒教が受け入れられて思想が国際化すると、各地固有の古墳にまつわる信仰や儀礼は古び、存在意義も薄れました。人々も開明的となり、古墳などよりも、都

〔仏教の伝わりと古墳の終わり〕

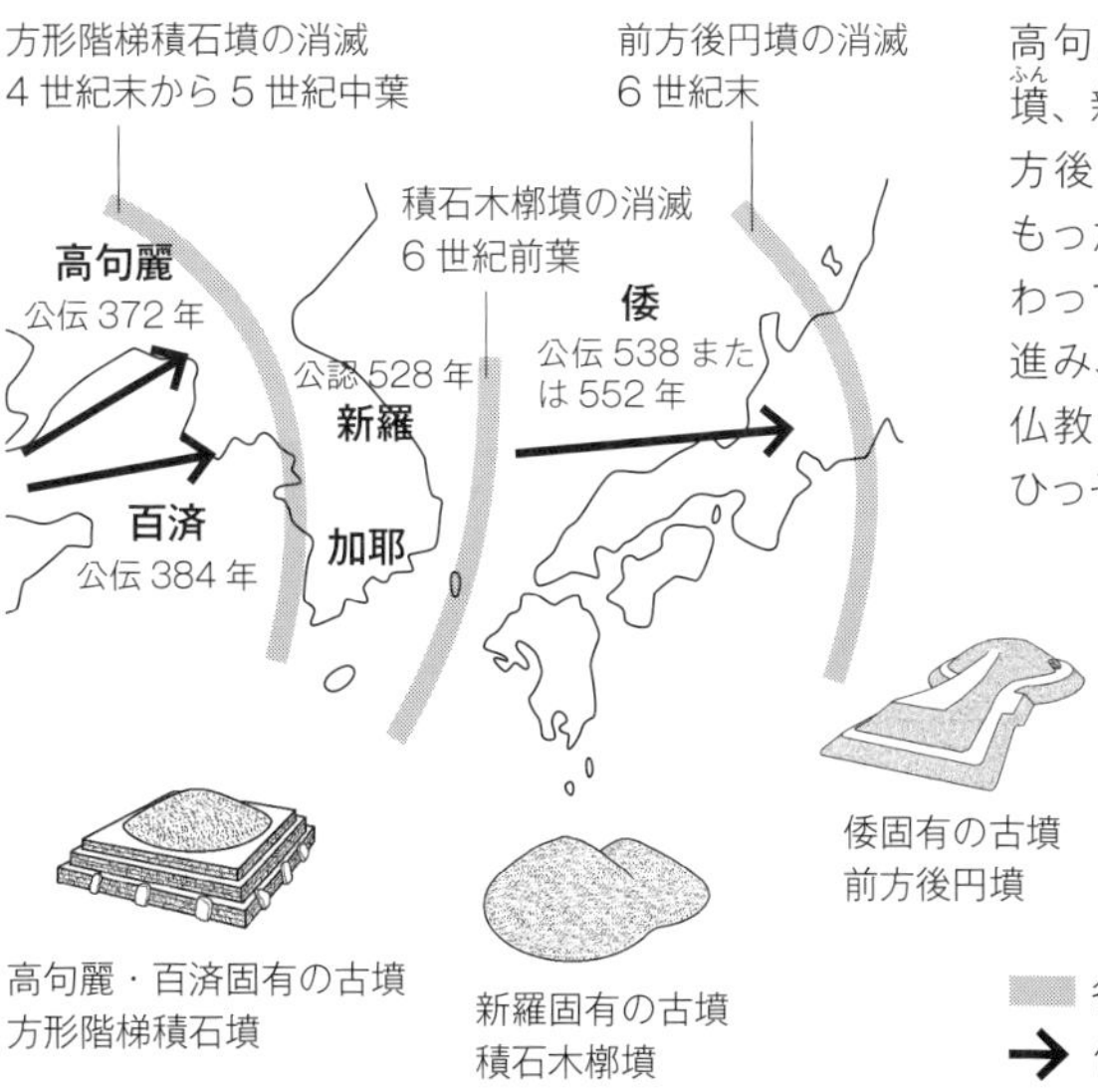

高句麗や百済の方形階梯積石《ほうけいかいていつみいし》墳《ふん》、新羅の積石木槨墳《つみいしもっかくふん》、倭の前方後円墳など、独自の個性をもった各地の古墳は、仏教が伝わってくると小型化と単純化が進み、さらに数世代のちには、仏教寺院の隆盛のかたわらでひっそり姿を消していく。

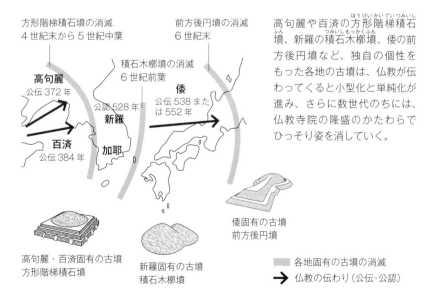

市やインフラの整備に労力を回すべきだと考えられるようになったのでしょう。

こうした開明の波は、大規模で手の込んだ各地固有の古墳を、小さくて簡素なものに変え、さらには古墳を築くことそのものを廃止に追い込みました。まず、中国に近い百済《くだら》や高句麗《こうくり》を洗ったこの波は、新羅《しらぎ》や加耶《かや》をへて、6世紀から7世紀にかけて日本列島に到達したのです。

前方後円墳の終わり

古墳のすべてが消える前に、まず前方後円墳が築かれなくなります。大王の古墳の変化を『日本書紀』などの記述に照らしてみると、その背景が浮かびます。敏達《びだつ》大王までは歴代、前方後円墳に葬られてきた大王でしたが、最初に仏教に帰依した用明《ようめい》大王から、大王墓は方墳になり、崇峻《すしゅん》大王・推古大王と続きました。

この3人の大王が、いずれも蘇我氏の女性を母とすることから、方墳は蘇我氏が主導した古墳の形ともいわれます。蘇我氏は仏教受容を主導した開明的氏族でしたから、それが前方後円墳をやめて方墳を用いた理由も、仏教にあった

〔大王（天皇）家の系譜と古墳〕

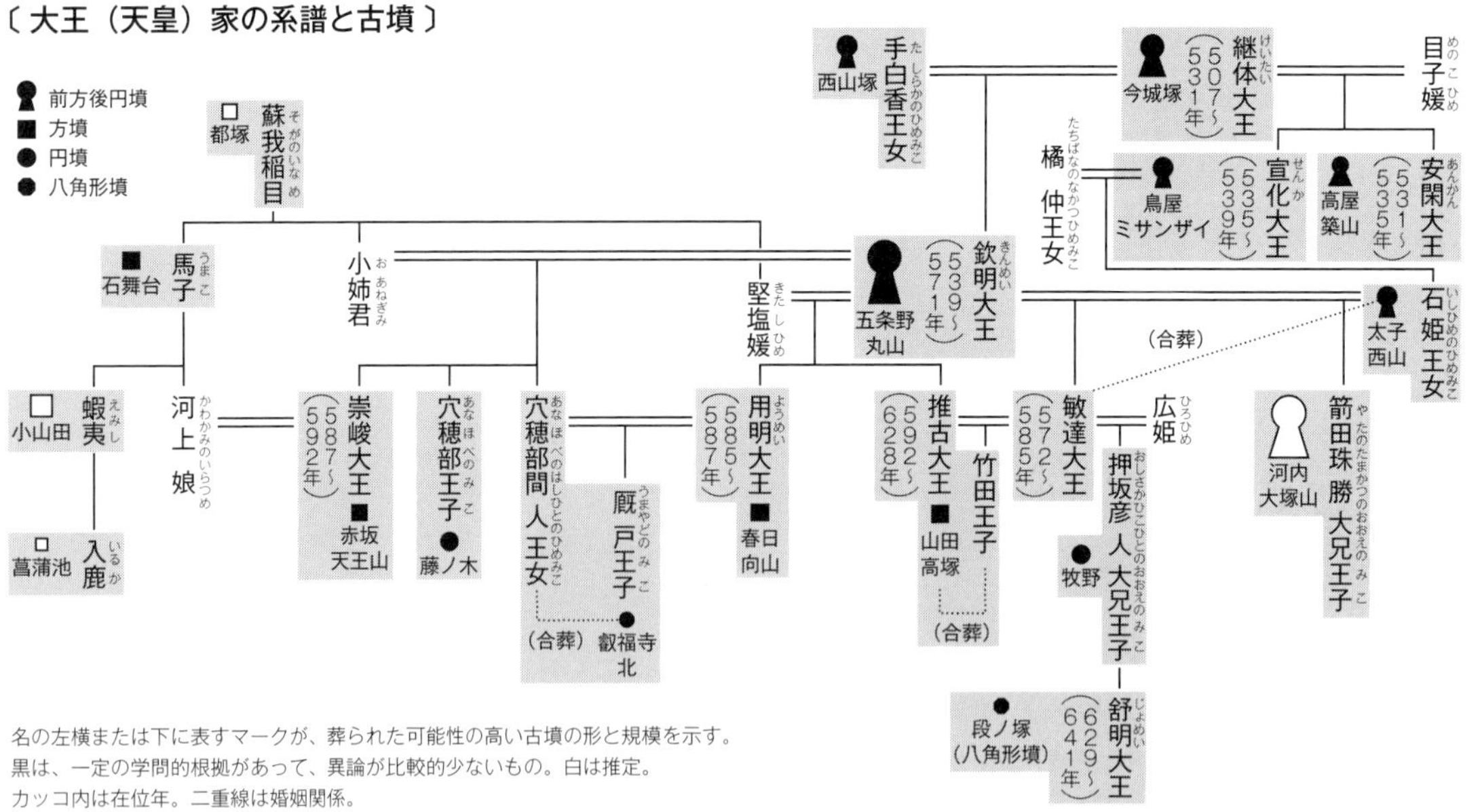

名の左横または下に表すマークが、葬られた可能性の高い古墳の形と規模を示す。
黒は、一定の学問的根拠があって、異論が比較的少ないもの。白は推定。
カッコ内は在位年。二重線は婚姻関係。

かもしれません。

いずれにせよ、仏教の伝来と公認によって思想が国際的に開明化したことが、前方後円墳を消滅させました。関東などの東日本では、その消滅はやや遅れますが、7世紀に入ったころにはほとんどなくなりました。

古墳の消滅

推古大王の次の舒明《じょめい》大王から、皇極《こうぎょく》大王（＝斉明《さいめい》大王）・天智《てんじ》大王・天武《てんむ》天皇（持統《じとう》天皇を合葬《がっそう》、49ページ）と、飛鳥時代の大王墓（天皇陵）は八角形墳になります（一説では次の文武《もんむ》天皇まで）。その形を、仏教寺院の堂塔とのつながりで考える意見もあります。もはや大きな横穴式石室をもたず、カプセルホテルのように人一人がやっと入れる小さな墓室《ぼしつ》（横口式石槨《よこぐちしきせっかく》など）が設けられます。

飛鳥時代に独特なもう一つの墳丘形態は上《じょう》円下方《えんかほう》墳で、関東に多く見られます。方墳の上部に円蓋を付けた形と、円墳を方形の基壇にのせた形と、2つのタイプがあります。関東では、大型の方墳や円墳も、7世紀まで築き続けられました。

奈良時代に入ると、もはや大王（天皇）・貴族・一般家族の墓を墳丘にすることは稀になり、とくに上位の階層の人々のあいだでは、火葬墓《かそうぼ》が流行しました。

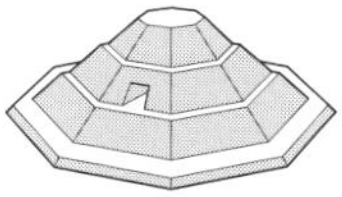

八角形墳

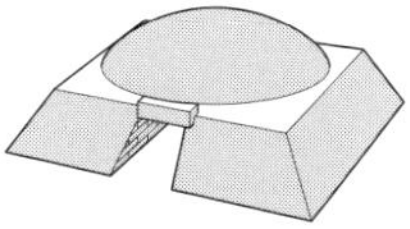

上円下方墳
（円蓋付き方墳タイプ）

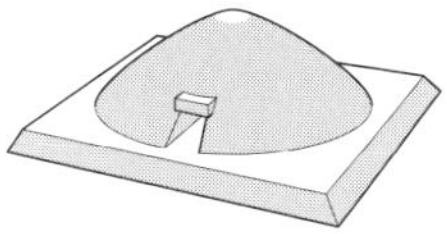

上円下方墳
（基壇付き円墳タイプ）

上円下方墳を復元した東京都の武蔵府中熊野神社古墳（府中市教育委員会）。

奈良県の太《おおの》安万侶《やすまろ》墓は8世紀の火葬墓（奈良県立橿原考古学研究所）。

研究最前線

古墳の南北

前方後円墳を頂点に古墳が分布する範囲に住んでいた人々の間には、稲作をなりわいとし、鉄器を用い、須恵器《すえき》（窯《かま》で焼いた陶器）や土師器《はじき》（野焼きの土器）を使う同じ生活様式が広がっていました。文化を共有する一つの民族が誕生しつつあったのです。

いっぽう、最北端の前方後円墳（角塚《つのづか》古墳）がある岩手県の南部以北には、狩猟と採集を主なりわいとする人々がいて、古墳を築く南の人々と、盛んな交易や交流をしていたことがわかってきました。7～10世紀には、この人々の一部にも古墳を築く風習が伝わり、東北北部から北海道南部にかけて、末期古墳とよばれる小さな円墳群が造られました。

最南端の前方後円墳（塚崎《つかざき》51号墳）は鹿児島県の大隅半島にありますが、このあたりから宮崎県南部を中心に、地下式横穴墓などの独特の墓がみられます。古墳を築く人々と密接に交流しつつ、独自の文化をもった在地の集団がいたようです。沖縄には古墳はありませんが、16世紀以降、歴代琉球国王などの陵墓として「玉陵《たまうどぅん》」が造られました。

北海道の末期古墳である江別《えべつ》古墳群（江別市郷土資料館）。

宮崎県島内《しまうち》139号墓の地下式横穴墓（えびの市教育委員会）。

沖縄の玉陵（那覇市）。

歴史の中の古墳 ―古墳と日本人―

古墳時代に築かれた古墳は現在、史跡として大切に保護されていま す。では、古墳が築かれた当時や、そのあとの時代にはどんな扱いを 受けてきたのでしょうか。

日本人が古墳をどうとらえてきたか

古墳時代

古墳が建設された時代

古墳は、3～7世紀に築かれてから、1000年以上の年月を経て現在に至っています。この長い歴史の中で、古墳もまたそれぞれの時代の人々から、さまざまな眼で見られ、いろいろな扱いを受け、種々の意味づけをされながら、今日まで伝えられてきました。この長い「古墳の歴史」をたどってみましょう。

まずは古墳の建設です。古墳時代の人々は、その死とともに、あるいは大規模な墳丘を約束された大王や王たちは生前から、場所を定めて古墳を築き始めました。選地したところに縄張《なわば》り（基本プランの枠取り）をして墳丘の範囲を

〔古墳を築造する手順〕

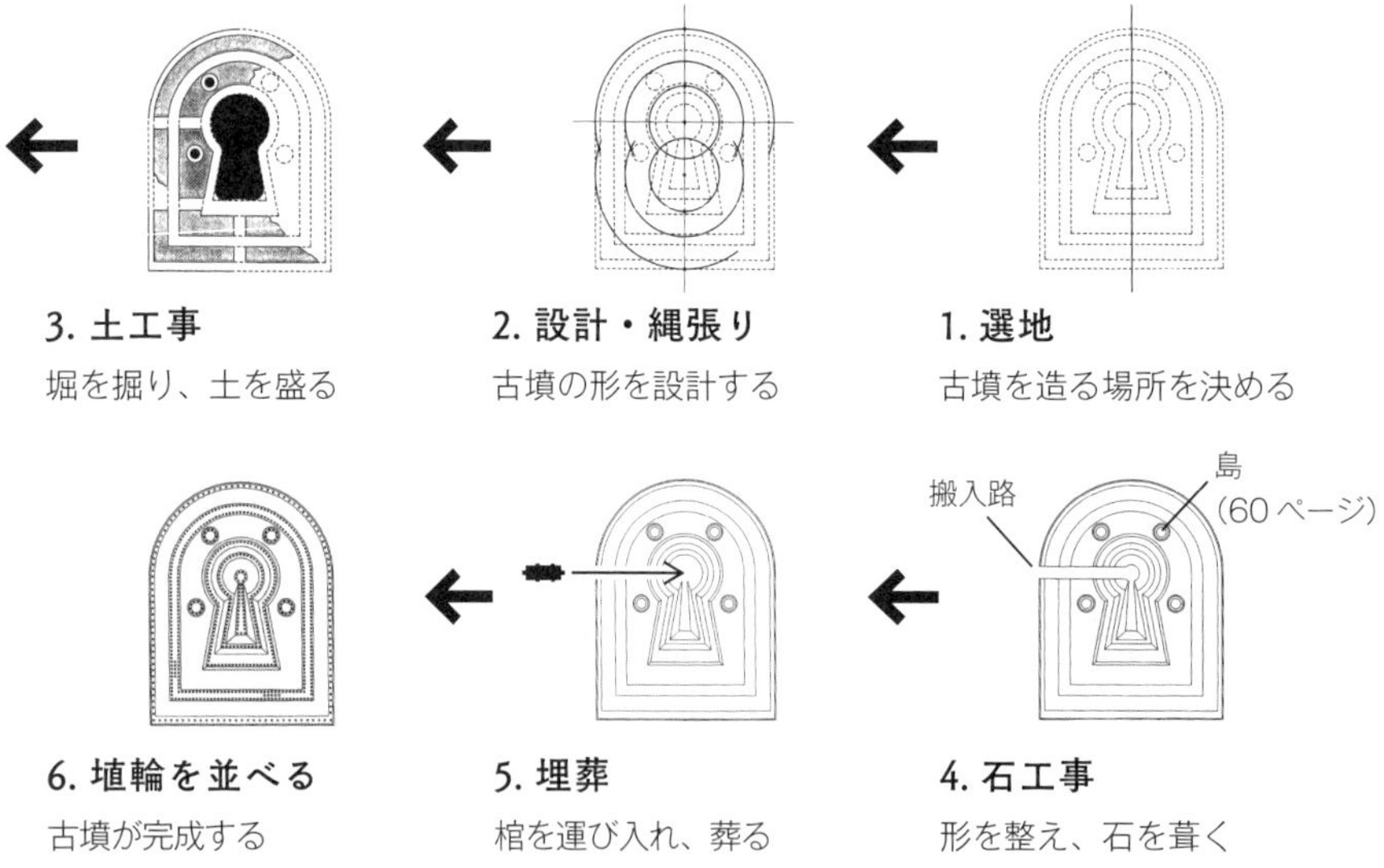
1. 選地
古墳を造る場所を決める
2. 設計・縄張り
古墳の形を設計する
3. 土工事
堀を掘り、土を盛る
搬入路
島
(60ページ)
4. 石工事
形を整え、石を葺く
5. 埋葬
棺を運び入れ、葬る
6. 埴輪を並べる
古墳が完成する

（金斗鉉制作 かみつけの里博物館提供）

定め、形に合わせて線引きをしたでしょう。前方後円墳などの整然とした形を見ると、今日でいう「設計技師」のような人がいて、現地で指揮を執ったにちがいありません。線引きが決まると、王を主とあおぐたくさんの人々が集まってきて、いよいよ作業に取りかかります。

発掘でわかる古墳の築き方

墳丘の築造は、線引きに合わせて、周濠《しゅうごう》（墳丘の周囲に水をたたえた堀。水のない空堀《からぼり》は「周壕」と書いたり「周堀《しゅうぼり》」とよんだりします）のような低くする部分の土を取り、高くする部分に盛る土工事です。足りない土は、離れた場所から運んでくることもあります。

古墳を発掘すると、もとの地面の上に土を盛り始めたところがわかる場合があります。地面に生えていた植物が盛り土に覆われ、腐植《ふしょく》化した黒い層となるからです。墳丘の断面に現れるこの黒くうすい層を、古墳研究者は「ブラックバンド」と呼び、古墳の基盤（地山《じやま》）と、その上の盛り土との境界線として、発掘の大切な示準とします。

古墳の断面

下の方に見える黒い層がブラックバンド。それよりも下は自然の地山なので均質だが、上は盛り土なので、いろいろな異なった土を積み上げたことがわかる。写真は岡山県の橋本塚1号墳（津山市教育委員会）。

群馬県保渡田八幡塚古墳の築造風景を再現した模型

右図（46ページ）の「4. 石工事」の工程を復元（かみつけの里博物館）。

墳丘の土工事が完了すると、こんどはその表面に「葺石《ふきいし》」とよばれる石を貼っていく石工事にかかります。葺石は、美観を整えると同時に、墳丘の土が崩れるのを防ぐ意味もあったとみえて、墳丘の表面に差し込むように強く固定されていることもあります。ただし、関東東部のように、葺石をあまり施さない地域もあります。

葺石が終われば、いよいよ主人公の埋葬です。その後に埴輪《はにわ》を立て、古墳は完成します。埋葬や埴輪についての詳しいことは、後で述べます。

奈良〜平安時代

祀り、記録され守られる古墳

古墳は、一度築かれて埋葬が終わったのち、しだいに墳丘は崩れたり、草木に覆われたりしていきますが、それを修復したり整備したりした形跡は発見されていません。3世紀から7世紀（一部は8世紀初頭）にかけて次々と築かれた古墳は、しだいに荒れ果てていったでしょう。8世紀には、平城京の造営工事で壊された古墳もあります。

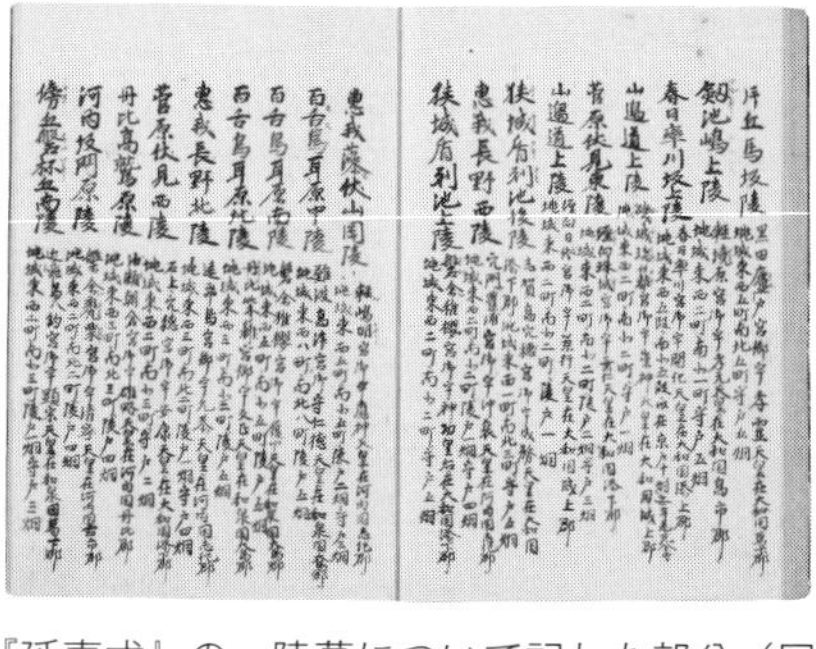

『延喜式』の、陵墓について記した部分（国立歴史民俗博物館）。

いっぽうで、天皇中心の世の中を強固につくり出すために、昔の歴代天皇（大王）や皇后・皇族の陵墓を定め、お祀《まつ》りをして守っていこうという古代国家の方針が固まります。伝承などに基づいて歴代天皇と現存の古墳の照合をおこない、『古事記』や『日本書紀』に記しました。このころにはまだ明らかだったはずの古墳の古び具合なども、照合の参考にされたかもしれません。

平安時代に整えられた法令（律令《りつりょう》）の施行細則である『延喜式《えんぎしき》』には、それぞれの陵墓の敷地の広さが示され、置くべき陵戸《りょうこ》（陵墓の守りに使役される人々）の数なども定められました。

鎌倉時代

掘り荒らされ あばかれる古墳

荘園が広がり、律令がしだいに有名無実になっていくとともに、『延喜式』に定められた陵戸の制度なども崩れていきました。古墳を掘り荒らすこと自体は早くからあったでしょうが、陵戸の制度が解体した鎌倉時代には、天皇陵が掘り荒らされる事態も発生していたようです。

たとえば8世紀初めに築かれた天武《てんむ》・持統《じとう》合《がっ》葬陵《そうりょう》(檜隈大内陵《ひのくまのおおうちのみささぎ》=奈良県野口王墓《のぐちのおうのはか》古墳)が、1235(文暦2)年の3月に掘り荒らされたことが、藤原定家《ふじわらのさだいえ》の日記『明月記《めいげつき》』に記されています。また別の人がこの事件のてんまつを記録した『阿不幾乃山陵記《あふきのさんりょうき》』には、石室と棺の特徴や、天武天皇の遺骨や遺髪が散乱していたようすなどが、詳しく書かれています。

古墳が掘り荒らされること(いわゆる「盗《とう》掘《くつ》」ですが、きつい語感を避けて、近年では「乱掘《らんくつ》」などともいいます)は珍しくなく、戦前まではしばしば起こり、その後も根絶されたわけではありません。古墳を調べると、頂部に人が入れるほどの穴が掘られ(盗掘壙《とうくつこう》または乱《らん》掘壙《くっこう》)、取りこぼした副葬品の破片などが散らばっていることが、たいへんよくあります。

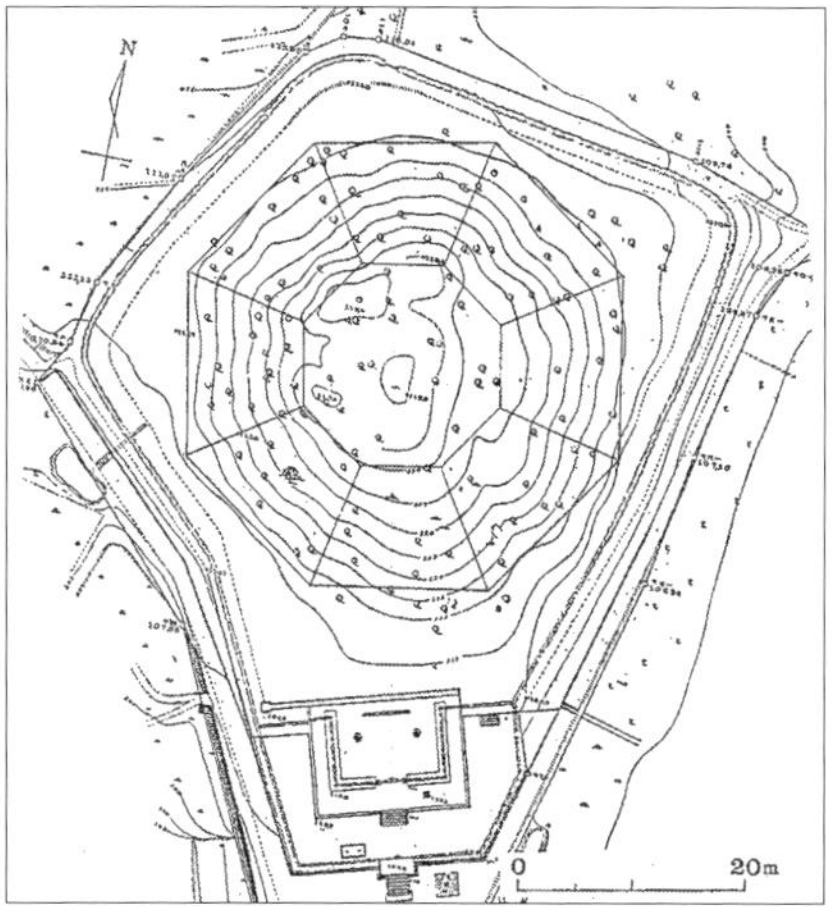

野口王墓古墳

天武天皇と持統天皇の合葬陵で、墳丘は八角形(宮内庁書陵部陵墓課編 2014『陵墓地形図集成[縮小版]』学生社 より、一部改変)。

室町〜戦国時代

再利用され 城になった古墳

室町時代から南北朝期にかけて、陵墓はますます荒れ、ほかの古墳も山林に埋もれました。南北朝の動乱以後、各地に多くの山城が造られますが、濠に囲まれた大きな古墳はそれに最適でした。古市古墳群の岡ミサンザイ古墳（仲《ちゅう》哀《あい》天皇陵、長さ242メートル）は、土塁・馬出し（出入り口を守る張り出し）・竪堀《たてぼり》（斜面

山城に改造された岡ミサンザイ古墳（香川元太郎作図、初出：『歴史群像』2005年12月号 学習研究社 遠藤啓輔監修より）。

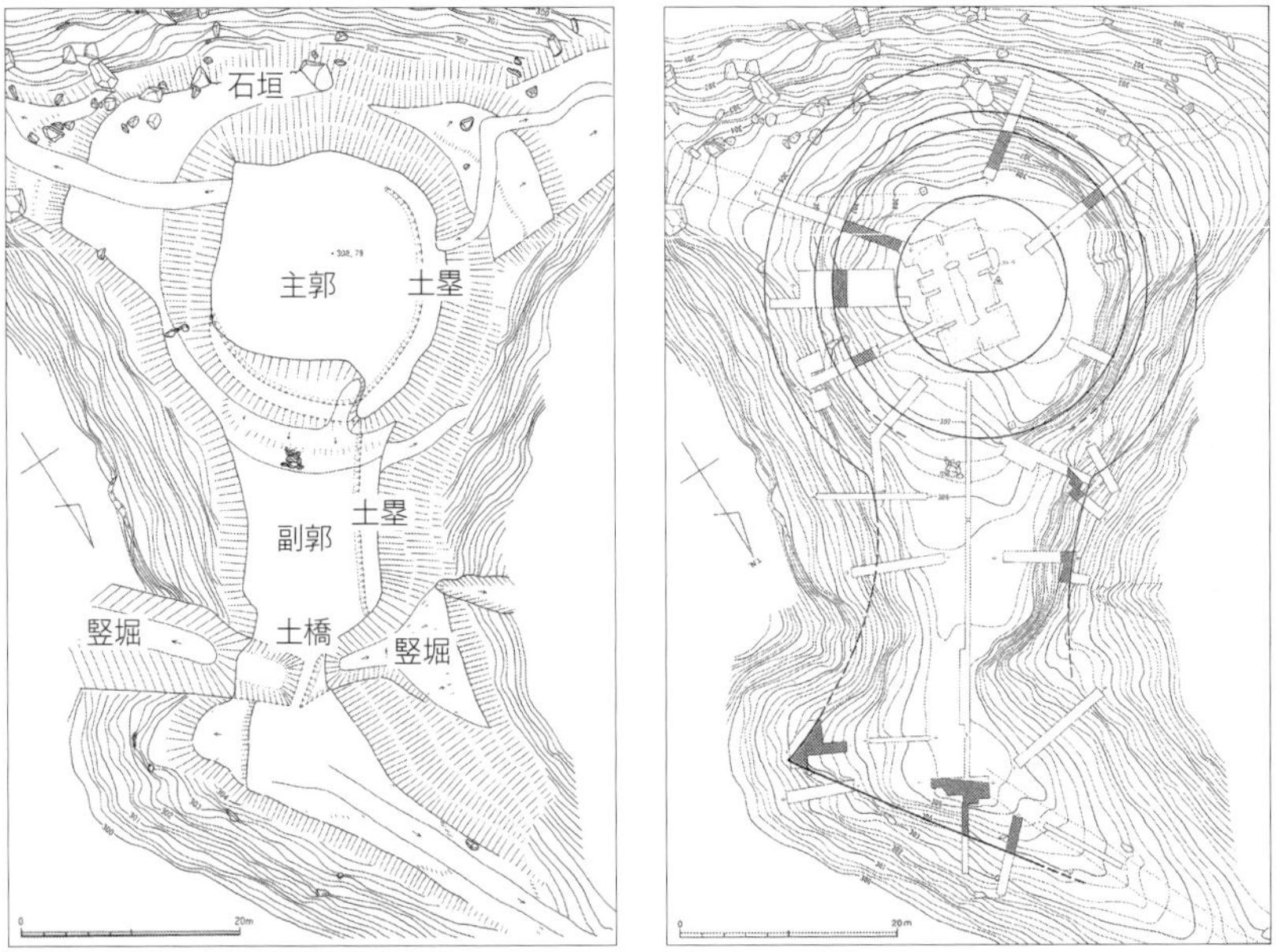

雪野山古墳（右）と雪野山城（左）

右は雪野山古墳の形を示した図、左は雪野山城として手を加えられた姿を示した図（東近江市教育委員会）。

の上下方向に設けた堀）などで防御を固めた要塞に改造されています。1615（慶長20）年の「大坂夏の陣」に使われたとの説もあります。

　山の尾根や頂上にある古墳も、しばしば山城として手を加えられました。3世紀後半に長さ70メートルの前方後円墳として造られた滋賀県の雪野山《ゆきのやま》古墳は、南北朝期に、後円部を主郭《しゅかく》、前方部を副郭《ふくかく》とする小型の山城になりました。前方部の両側の抉《えぐ》れは、古墳調査中には不自然な変形として不思議がられましたが、中世城郭研究者が踏査したところ、山城の竪堀と判明しました。

　古墳としての図と、山城としての図とをこうして並べると、同じ対象を別々の専門の眼で見たときの、観察ポイントや認識の違いがよくわかっておもしろいです。

江戸時代

暮らし・信仰の舞台となる

　江戸時代になると、多くの古墳は、入会地《いりあいち》（村の共同利用地）としての里山になったり、上に社《やしろ》や祠《ほこら》がつくられて信仰の場所にされたりして、村や地域の暮らしの景観に溶け込みました。古市古墳群の誉田御廟山《こんだごびょうやま》古墳（応神《おうじん》天皇陵）は、頂上の宝殿に向かって石段が付けられ、両脇に並木が植えられた参道になっているようすが絵図に描かれています。

　石室の内部もまた、信仰の空間になりました。岡山県の剣戸《けんど》東塚《ひがしづか》古墳（剣戸14号墳）の横穴式石室は、1669（寛文9）年、弾圧を受けた日蓮宗不受不施派《にちれんしゅうふじゅふせは》の僧侶・日勢《にっせい》が、4人の女性信者と共にこもって断食し、題目を唱えながら入定《にゅうじょう》しました。それを弔って奥壁には「南

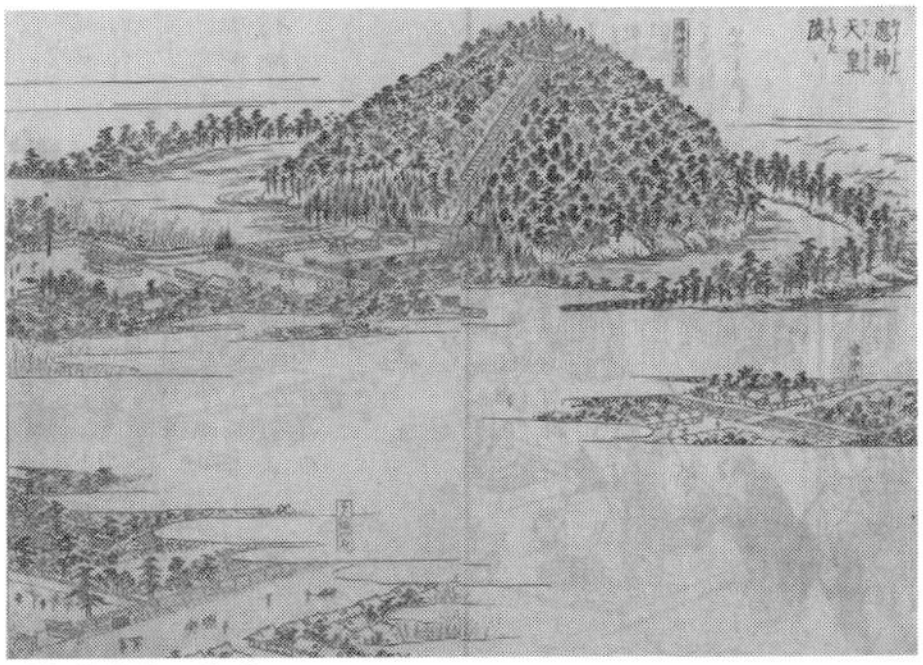

『河内名所図会《かわちめいしょずえ》』に描かれた誉田御廟山古墳と誉田八幡宮（国立国会図書館）。

剣戸東塚古墳（剣戸14号墳）の横穴式石室（左）と奥壁に彫られた「南無妙法蓮華経」（右）。

無妙法蓮華経」の7文字が彫られ、今も手厚く祀られています。これほどの詳しい由来が記録されている例は稀ですが、現在よく見られる横穴式石室での祀りは、多くが江戸時代にさかのぼるようです。

江戸～明治時代

公武合体を背景に保護される古墳

江戸時代も半ばを過ぎて社会が安定すると、さまざまな学問が育ちました。その中から、荒れ果てていた古代の陵墓を調べ、どれがどの天皇や皇后たちの古墳に当たるのかを照合しなおし、祭祀と保護を再開することが、幕末の尊王や公武合体《こうぶがったい》（朝廷と幕府を結び付けて幕藩体制を強めること）の思想を背景にして本格化しました。天皇中心の国家体制を目ざした明治政府はこれを徹底し、制度としては今日の日本国政府に引き継がれています。

大山古墳（仁徳天皇陵）の拝所（上）と高札（下）。

百舌鳥・古市古墳群の巨大な前方後円墳は、多くが陵墓として宮内庁の保護下にあります。前方部側の濠の外側中央に砂利敷きの拝所が設けられ、鳥居が立ち、陵墓名と3つの戒《いまし》めを記した高札《こうさつ》があります。

昭和時代

大規模開発により壊される古墳

敗戦後の復興や、高度成長期の大規模開発があいついだ1940年代後半から1970年代にかけては、多くの古墳が工事の犠牲となる受難の時代でした。百舌鳥古墳群でも、群中で第5位の大きさをほこった百舌鳥大塚山古墳（長さ168メートル）が、1949年、住宅建設のためにほぼ壊されました。それに先立つ十分な調査の機会は与えられませんでした。

こうした事態をなくすため、1980年代に入るころから、古墳も含む遺跡の場所や広がりを把握して保護するとともに、開発のため壊さざるをえない場合には十分な発掘調査をおこなって記録を残す制度が、全国の自治体で整備されました。開発にかかった多くの古墳が、発掘調査報告書と引き換えに姿を消していくことになります。

ただし、発掘調査中に重要さがわかって保存される古墳も稀にあるし、はるか以前に墳丘が壊された古墳の基底部が見つかることはしばしばです。古市古墳群の西墓山《にしはかやま》古墳はその一例で、多量の鉄器を埋納した木製の施設が2つ並び、墓山古墳（長さ225メートル）に付属する副葬専用の方墳だったことがわかりました。

破壊される百舌鳥大塚山古墳（奈良県立橿原考古学研究所）。

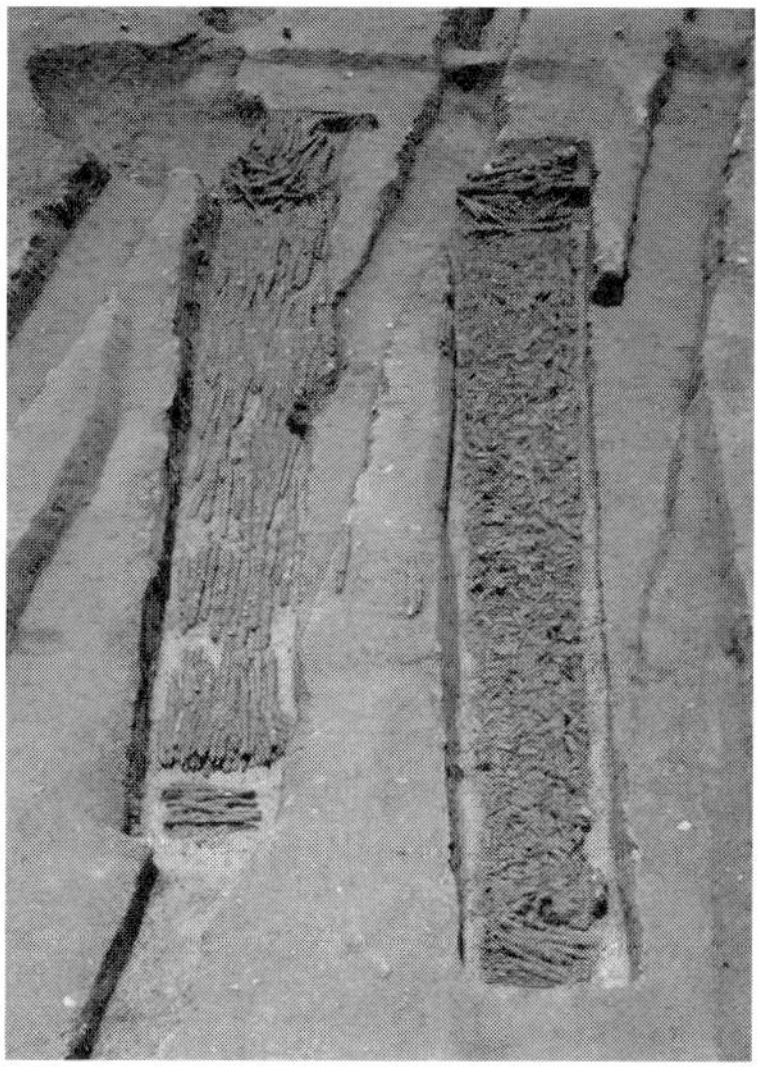

西墓山古墳の鉄器埋納施設（藤井寺市教育委員会）。

研究最前線

被葬者を推定する

考古学は、文字資料ではなく物質資料から歴史を復元する学問です。『古事記』や『日本書紀』は文字資料ですから、それに依拠して古墳の被葬者（葬られた人物）を推定するのは、考古学として邪道とみなす考え方もあります。しかし、文字資料の信ぴょう性が増す6世紀以降は、ある特定人物の墓であることがほぼ確かな古墳の例をたくさん挙げられます。くわしく正しい歴史の復元を目ざすなら、それらを活用しない手はありません。

ある程度学術的に被葬者候補の絞り込みがされている古墳の例を、表に並べました。宮内庁による陵墓の治定《じじょう》は除き、考古学的な情報が推定に使われているものに絞っています。

〔 被葬者の推定される古墳 〕

古墳名	所在地	墳形	規模（長さ・径・一辺）	築造年代	推定されている被葬者	確実度	他の被葬者候補
岩戸山《いわとやま》古墳	福岡県八女市	前方後円墳	135m	6世紀前半	筑紫君磐井《つくしのきみいわい》	◎	
今城塚《いましろづか》古墳	大阪府高槻市	前方後円墳	190m	6世紀前半	継体大王	◎	
河内大塚山古墳	大阪府松原市	前方後円墳	335m	6世紀前半？	安閑大王（未完）		箭田珠勝大兄王子《やたのたまかつのおおえのみこ》
西山塚《にしやまづか》古墳	奈良県天理市	前方後円墳	114m	6世紀前半	手白香王女《たしらかのひめみこ》（継体の后）	○	
林《はやし》ノ腰《こし》古墳	滋賀県野洲市	前方後円墳	90m（消滅）	6世紀前半	近江毛野臣《おうみのけなのおみ》		
断夫山《だんぷさん》古墳	愛知県名古屋市	前方後円墳	151m	6世紀前半	尾張連草香《おわりのむらじくさか》		
丸墓山《まるはかやま》古墳	埼玉県行田市	円墳	105m	6世紀前半	笠原小杵《かさはらのおき》		
七輿山《ななこしやま》古墳	群馬県藤岡市	前方後円墳	145m	6世紀前半	上毛野君小熊《かみつけののきみおぐま》		
五条野丸山古墳	奈良県橿原市	前方後円墳	318m	6世紀後半	欽明《きんめい》大王	○	蘇我稲目など
赤坂天王山古墳	奈良県桜井市	方墳	一辺43～51m	6世紀後半	崇峻大王	○	
都塚《みやこづか》古墳	奈良県明日香村	方墳	42×41m	6世紀後半	蘇我稲目		
藤《ふじ》ノ木《き》古墳	奈良県斑鳩町	円墳	48m	6世紀後半	穴穂部王子《あなほべのみこ》と宅部王子《やかべのみこ》		崇峻大王
将軍山古墳	埼玉県行田市	前方後円墳	90m	6世紀後半	笠原使主《かさはらのおみ》		
牧野《ばくや》古墳	奈良県広陵町	円墳	50m	6世紀末	押坂彦人大兄王子《おしさかのひこひとのおおえのみこ》	◎	
植山古墳	奈良県橿原市	方墳	40×27m	6世紀末	竹田王子と推古大王（初葬）	○	
石舞台古墳	奈良県明日香村	方墳か	推定 80m	7世紀前半	蘇我馬子	○	
菖蒲池《しょうぶいけ》古墳	奈良県橿原市	方墳	30m	7世紀中葉	蘇我入鹿		
岩屋山《いわややま》古墳	奈良県明日香村	方墳か	45m	7世紀中葉	斉明大王（初葬）		
大谷《おおや》1号墳	岡山県真庭市	方墳	23×16m	7世紀後半	吉備大宰石川王《きびのたいさいいしかわおう》		
牽牛子塚《けんごしづか》古墳	奈良県明日香村	八角形墳	対辺長 22m	7世紀後半	斉明大王と間人王女《はしひとのひめみこ》	◎	
越塚御門《こしづかごもん》古墳	奈良県明日香村	？	？	7世紀後半	大田王女	◎	
中尾山古墳	奈良県明日香村	八角形墳	対辺長 30m	8世紀初頭	文武《もんむ》天皇	○	
キトラ古墳	奈良県明日香村	円墳	14m	8世紀初頭	阿倍御主人《あべのみうし》		高市《たけちの》皇子など

※被葬者については多くの説があるが、この表ではもっとも一般的な説を紹介している。
そのため、ほかのページで採用した説と異なる場合がある。

古墳の構造　―墳丘編―

古墳を形成するこんもりと盛り上がった「墳丘」には、形や、その周りを囲む濠、上に飾った埴輪など、いくつかの注目ポイントがあります。見るべきポイントを紹介しましょう。

古墳の見つけ方

地形に目を凝らして新たな古墳を発見する

山の中で古墳を発掘していると、「ここが古墳だとよくわかりましたね」と声をかけられることがありますが、意外によくわかるものなのです。

自然の山の斜面と、古墳の墳丘の斜面とは、角度が違います。後者は不自然に急で、なおかつ勾配《こうばい》が均等なのです。両者の境目の、角度が変わるライン（傾斜変換線）が直線に伸びたり、きれいな弧を描いたりしているようすが見られると、多くの場合、それが古墳です。古墳は群れをなす傾向があるので、一つ見つかれば、周囲にもしばしば同じものがあります。

このような「目」を持てば、専門家でなくとも古墳の認定は容易です。神奈川県の長柄《ながえ》桜《さくら》

山林の中の前方後円墳

神奈川県秋《あき》葉《ば》山《やま》１号墳。左奥が後円部、右手前が前方部。周囲の山林とは傾斜が異なる。

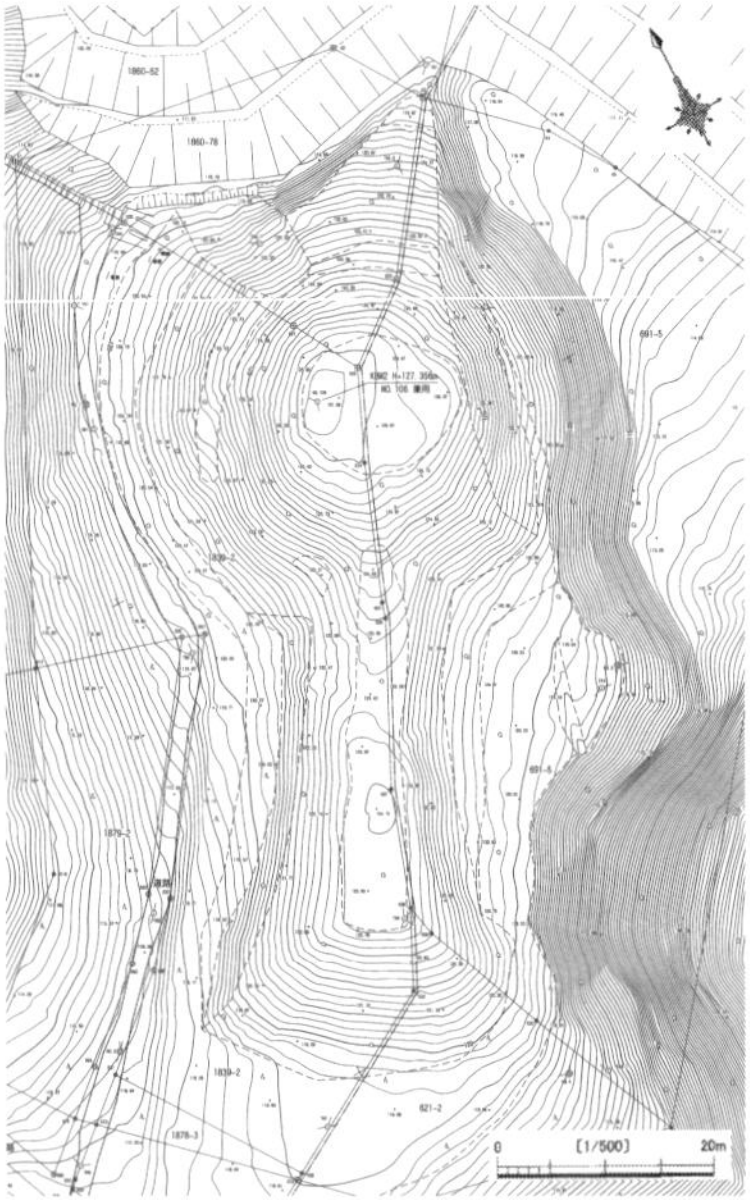

地元市民が発見した長柄桜山１号墳の墳丘測量図（逗子市教育委員会、葉山町教育委員会）。

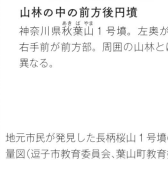

山《やま》1号墳は、１９９０年代に、逗子《ずし》市と葉山町の間の山林で地元の市民が発見しました。大きな古墳が少ないといわれていた場所で見つかった長さ90メートルの前方後円墳は、関東の古墳時代の歴史叙述を大きく変えました。

デジタルの地理情報を容易に手に入れ、操作することができるようになったいまでは、それらを使って古墳を見つける試みも始まっています。もっとも簡便なのは、国土地理院のウェブサイトで利用できる「傾斜量図」で、傾斜が弱いほど白く、強いほど黒く表されます。古墳は、円や方の形に急傾斜面をもつので、形がくっきりと図上に浮かび上がります。

岡山県の古墳研究者・藤原好二さん（倉敷埋蔵文化財センター）は、最近、この方法で3基の新古墳を見つけ、現地に足を運んで確定しました。その中には、これまでに知られていなかった長さ約１００メートルの前方後円墳もあります。地域の古墳時代の歴史を新たに書き換える大発見です。

知られざる大型古墳が、各地の山林の中に、まだいくつも埋もれているでしょう。

藤原さんが発見した広島県の厳島神社古墳（国土地理院）。

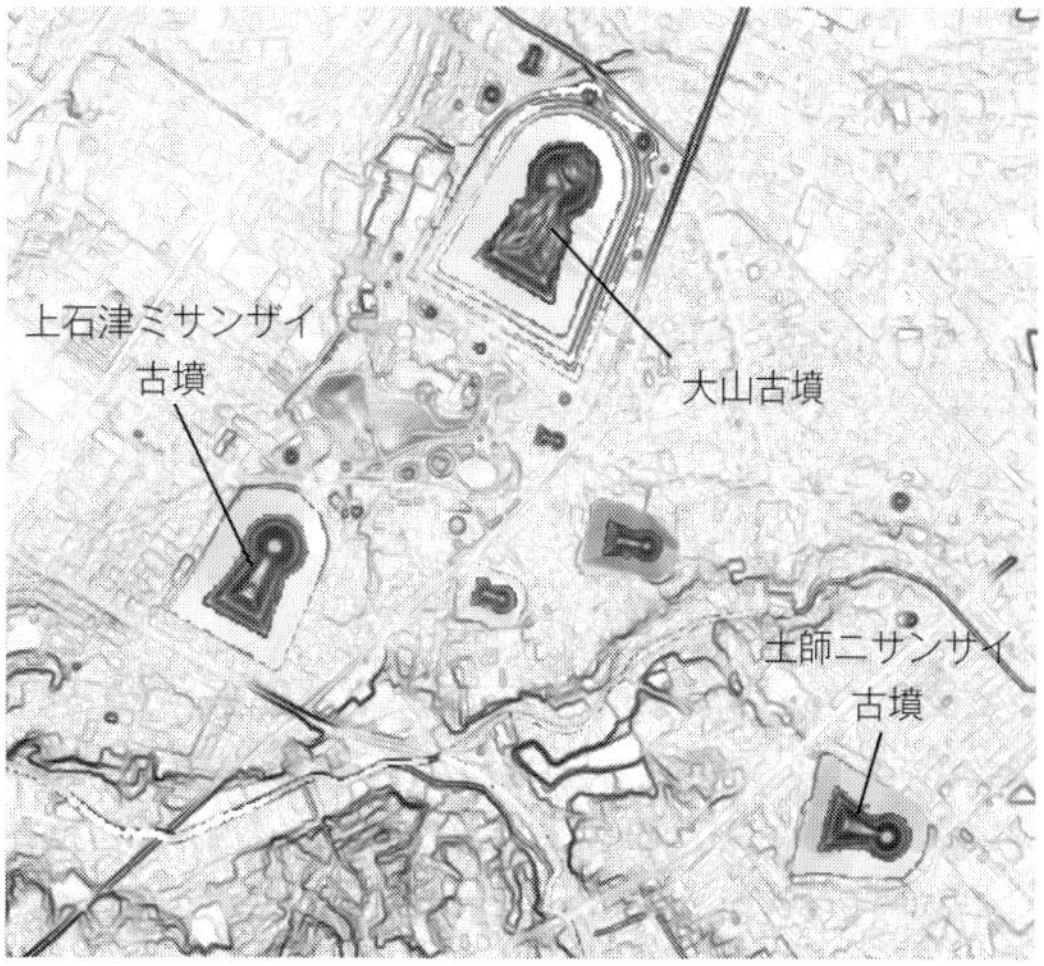

「傾斜量図」で見た百舌鳥古墳群（国土地理院）。

周堤と堀

古墳の端を明らかにすれば古墳の規模がわかる

古墳の構造を調べるときに、まず明らかにしなければならないのは、古墳の端《はし》（最外縁《さいがいえん》）はどこかということです。古墳を見つける際のポイントとなった傾斜変換線は、実は見かけの端で、大きな古墳の場合、その外側にもさまざまな施設がついています。

まずは堀。水をたたえた周濠《しゅうごう》ならば一目瞭然ですが、多くは空堀で、墳丘が崩れて流れ落ちてきた土で埋まり、それとわかりにくいことがあります。堀の外には「周堤《しゅうてい》」とよばれる低い土手がめぐり、その外側の線が、発掘で押さえられるかぎりの古墳の端です。

古市古墳群で最古の津堂城山《つどうしろやま》古墳の場合、今は埋もれた周濠の外側にも、その形に沿った地《じ》※

上空から見た津堂城山古墳（藤井寺市教育委員会）。

※土地を一定の基準で区画すること。

割《わり》や家並みが取り巻いていることを、飛行機に乗って上から古墳を見た末永雅雄《すえながまさお》博士が指摘しました。その部分を発掘すると、もう一重の周濠と、それをめぐる周堤が見つかりました。二重の周濠と周堤を持つ大前方後円墳だったのです。このように、古墳の端はわかりにくく、陵墓の場合、しばしば宮内庁の指定範囲の外にはみ出しているので、誉田御廟山《こんだごびょうやま》古墳（応神天皇陵）の外側の周堤のように、じっくりと踏み込んで観察することもできます。

　空堀がめぐる古墳も、埋まった土を発掘で取り除いてみると、堀の深さと周堤の高さの差がかもし出す堂々たる威容に、「これほどの古墳だったのか！」と驚くことがあります。群馬県の大室《おおむろ》古墳群は、長さ１００メートル前後の６世紀の前方後円墳が３基、こうした威容を見せながら並んでいて壮観です。

　福岡県の岩戸山《いわとやま》古墳は、周堤に接して方形の区画があり、この地域に特有の石製品（人物・馬・武具などの形を石でつくったもの）が立てられていました。今はそれらの縮小レプリカが、大王に反旗をひるがえした九州の英雄・筑紫君磐《つくしのきみいわ》井《い》の墓とされる威容をかろうじて伝えています。

誉田御廟山古墳（応神天皇陵）の外側の周濠と周堤（羽曳野市教育委員会）。

岩戸山古墳の方形区画。

大室古墳群の１基・中二子《なかふたご》古墳の堀と周堤。

造景としての古墳

濠から見つかる往時の儀礼を写した埴輪

周堤から堀へ、堀から墳丘へと、構造をくわしく見ていきましょう。

水をたたえた周濠でも、また空堀でも、堀の中に、円形や方形の島が造られていることが稀にあります。津堂城山《つどうしろやま》古墳には、前方部の両側に方形の小島があり、東の小島を調査すると、周濠の外側に面した一辺が入江のように浅く湾入し、水鳥形埴輪《みずどりがたはにわ》が置かれていました。4世紀後半のほぼ同じころに築かれた奈良県の巣山《すやま》古墳でも、同様の島（ただし巣山の例は細い通路で前方部と「陸続き」）と水鳥形埴輪があり、周濠からは木製の船材が出ました。亡き被葬者を乗せた喪船《もぶね》が水を渡り、鳥に迎えられてまず島に着く、といったストーリーが、造景として演出されていたのかもしれません。

巣山の小島には、導水《どうすい》施設形埴輪が置かれていました。谷間に木樋《もくひ》を置き、清水《しみず》を貯めて流すところを柵や覆屋《おおいや》で目隠しした儀礼施設が実際に見つかっていますが、それを模した埴輪です。王が執《と》りおこなう最高の儀礼を表したものとして、近年注目されています。後円部と前方部とが接するくびれ部の裾に置かれることも多く、清水が流れ下る谷間に、そこが見立てられていたと考えられます。亡きあとも、王はそこで清水の儀礼を執りおこなうことが求められたのでしょうか。

誉田御廟山古墳（応神天皇陵）の陪塚《ばいちょう》である狼塚《おおかみづか》古墳（18ページ）では、別づくりの部品を8つ組み合わせた、特大の導水施設形埴輪が見つかっています。大王その人の儀礼施設をかたどった埴輪とみてまちがいないでしょう。

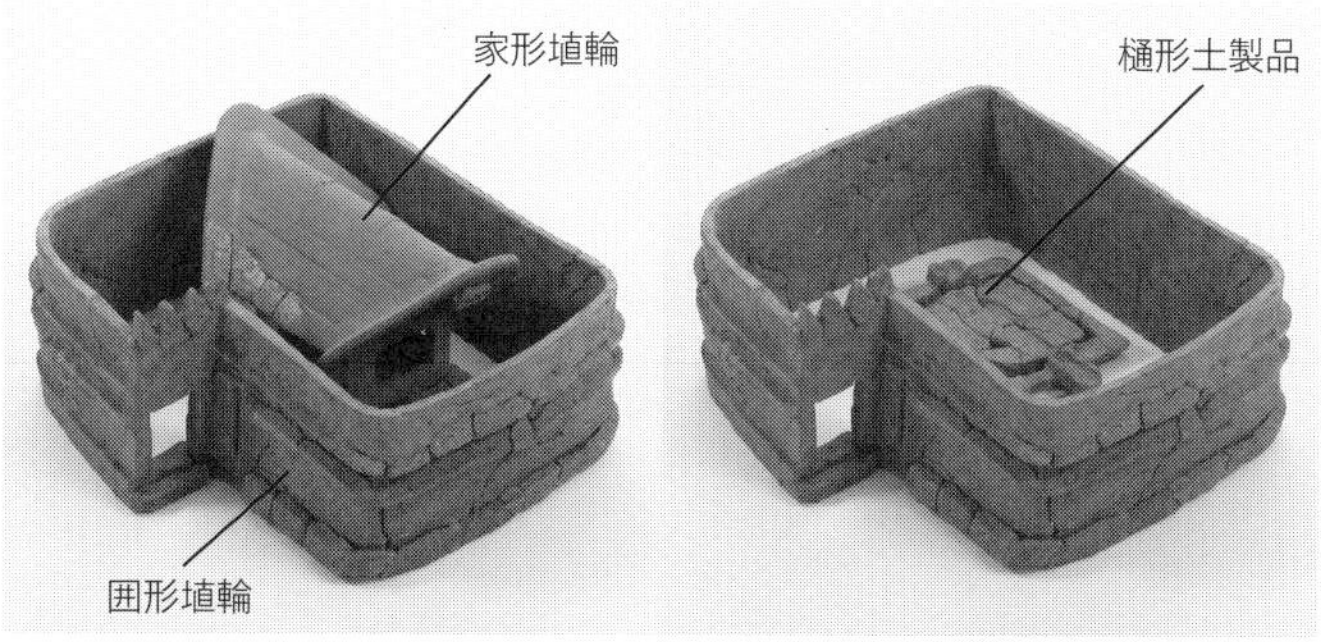

導水施設形埴輪。囲い（囲形埴輪）の内側に覆屋（家形埴輪）があり、その中に木樋（樋形土製品）がある。総称して導水施設形埴輪という。三重県宝塚１号墳出土（松阪市教育委員会）。

津堂城山古墳の墳丘測量図（藤井寺市教育委員会）。

導水施設をもつ儀礼場の跡。谷間に木樋を据えて水を貯め、流す。左右に３本ずつ、覆屋の柱とみられる痕跡がある。奈良県南郷大東《なんごうおおひがし》遺跡（奈良県立橿原考古学研究所）。

津堂城山古墳の水鳥形埴輪（藤井寺市教育委員会）。

津堂城山古墳の小島（藤井寺市教育委員会）。

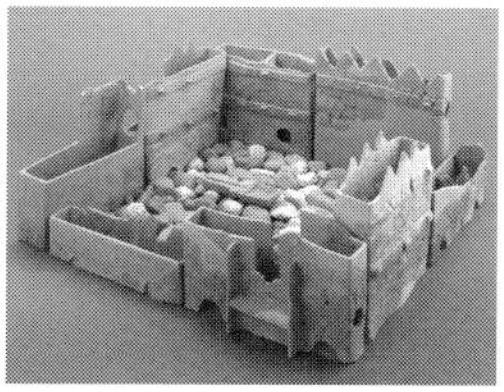

狼塚古墳の導水施設形埴輪（藤井寺市教育委員会）。

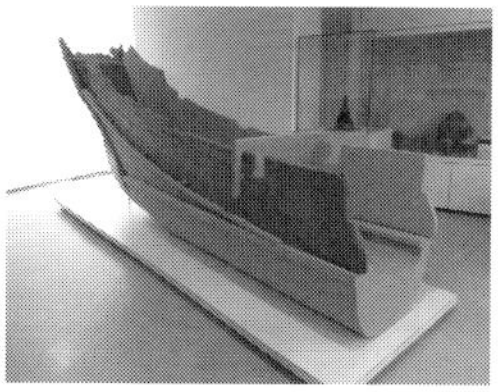

巣山古墳の「喪船」（広陵町教育委員会）。

段築と葺石

墳丘の調査は段築を明らかにすることから

いよいよ墳丘の本体です。いまの墳丘の表面は、長年の間に高い部分の土が削れ、低い部分にたまった見かけの外形です。そこに草木が生えた、丸や四角や鍵穴形の緑の小山の中に、本当の墳丘が埋もれています。それを掘り出す作業が、墳丘の発掘調査です。全部は大変なので、※古墳の軸線を基準にいくつもの「調査区」を設け、その中で掘り出した本当の墳丘のラインをつないで、古墳の正確な形と寸法、段築《だんちく》（墳丘の段構造）などを明らかにします。

まず草木を払い、調査区を設定して、墳丘の本当の面が出るまで、上にたまった土（流土《りゅうど》）を取りのぞいていきます。葺石の斜面が出てくれば一目瞭然ですが、葺石を持たない古墳や、持っていても流れ落ちている場合には、土そのものを吟味して、墳丘の本当の面を見つけます。流土には埴輪片などが混じり、色も濁っていますが、墳丘の面より下には埴輪片などは含まれず、色もきれいなのでそれと判断できます。

百舌鳥・古市古墳群の近くにある5世紀初めの前方後円墳・心合寺山《しおんじやま》古墳（長さ160メートル）では、墳丘の発掘調査がおこなわれました。西側のくびれ部の調査区では、3段になった墳丘面が掘り出されました。各段の斜面に葺石が施され、平坦面には円筒《えんとう》埴輪（67ページ）の列が巡っていました。最下段には造り出しがあり、それと墳丘との谷間に導水施設形埴輪が置かれていました。前方部端の最下段の裾は、古墳を囲む柵の外側から見つかり、墳丘の寸法が、これまでの推定より長かったこともわかりました。

※後円部の中心、前方部の中央をつらぬく、古墳の中軸ライン。

西側くびれ部の上段・中段。左手が後円部、右手が前方部。上の葺石が上段、下の葺石が中段で、中段の葺石はくびれ部に沿って屈曲している。それに並行して、手前に円筒埴輪の列が並ぶ（八尾市教育委員会）。

西側くびれ部下段裾の導水施設形埴輪。手前が後円部、奥が造り出し。谷からの水を受ける位置に置かれている（八尾市教育委員会）。

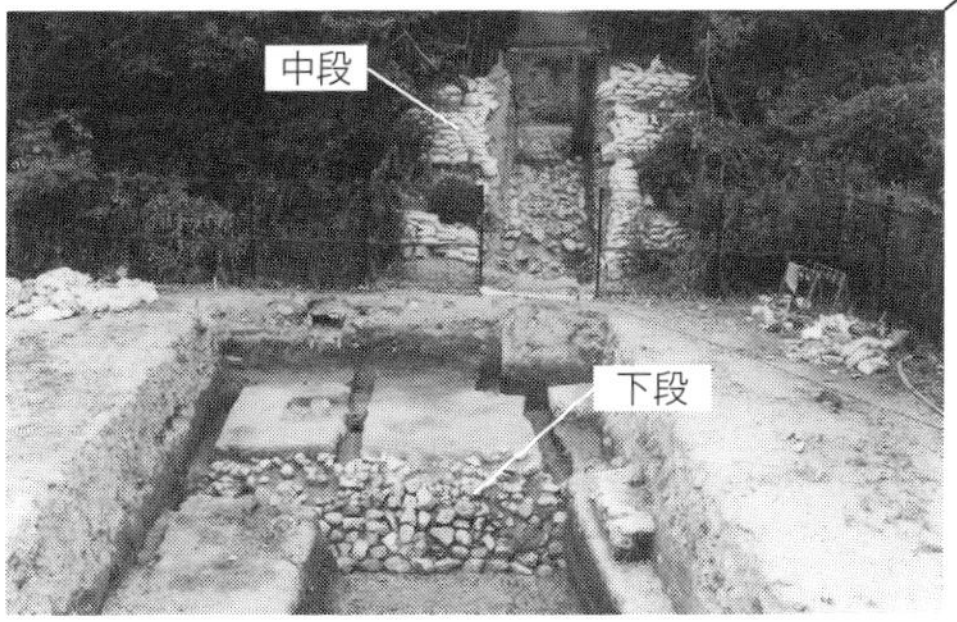

前方部端の下段と中段。手前の広い調査区の葺石が下段、奥の狭い調査区の葺石が中段（八尾市教育委員会）。

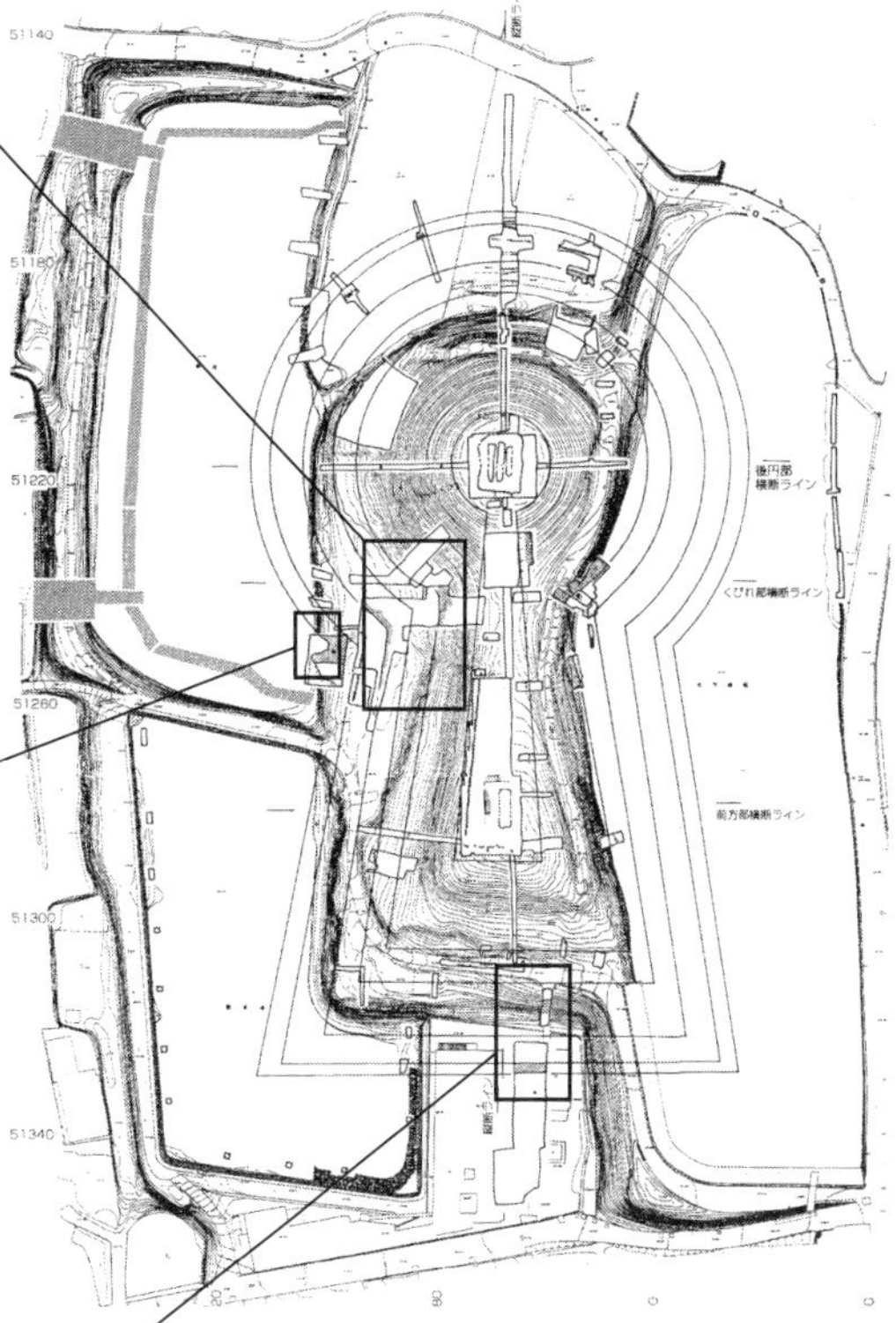

心合寺山古墳調査図（八尾市教育委員会）。

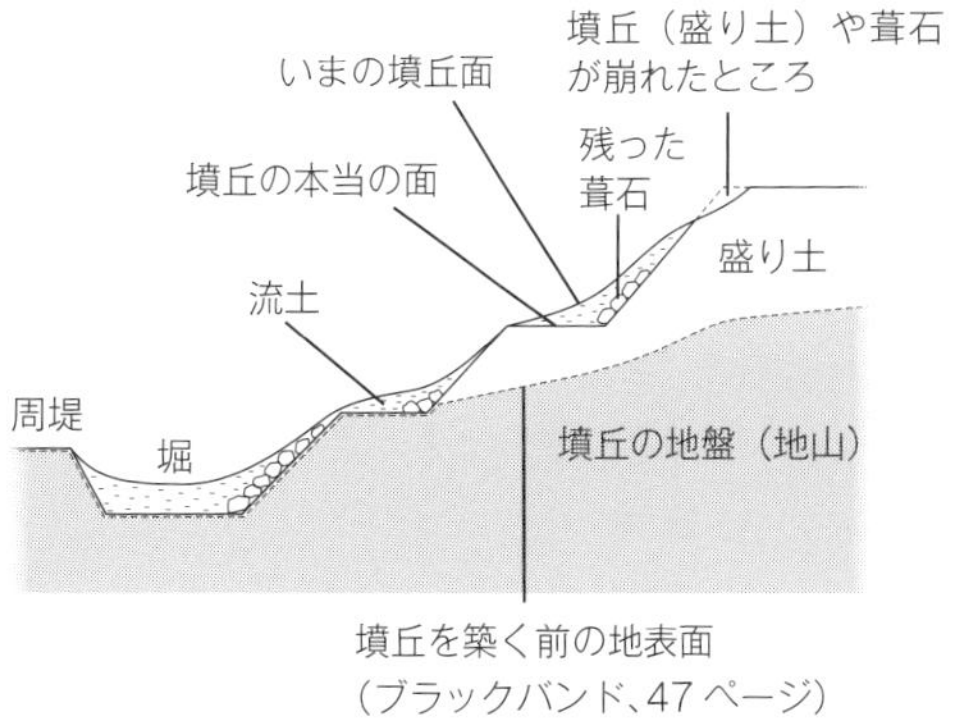

古墳の断面。本当の墳丘面は角張っていたが、現在は流土によって、ゆるやかになっている。

天空のスロープ

厳重に守り、ふんだんに飾った前方後円墳の心髄

墳丘の上段（大型の前方後円墳の場合は3段目、通常の古墳は2段目）を頂上まで登り切ると、平坦な広場になっていて、へりに沿って円筒埴輪の列が巡っています。

広場の真ん中を少し掘り下げたところに、棺や、それが収まる石室がしつらえられ、古墳の主人である王が眠っています。広場は、王にごく親しい人々だけがその亡骸《なきがら》に最後に接する大切な祀《まつ》りの場所でした。

前方後円墳の場合、この広場はそのままスロープになって前方部へと下り、その先端に向かってふたたびゆるく上っています。へりを縁取る円筒埴輪列、その外側の2～3段の斜面、それぞれの間の平坦面を巡る円筒埴輪列、場合によってはそれに加えて堀や周堤という多重の施設で厳重に守られ、なおかつ高くさし上げられた「天空のスロープ」。それは前方後円墳の心《しん》髄《ずい》であり、王を送った人々だけではなく、送られて神となる王にとっても重要な舞台装置だったでしょう。

心合寺山古墳では、後円部の広場に3基の木棺が並んで埋められていました。真ん中の棺に眠るのが王で、両脇の棺は王とごく近い関係にあった人たちのものでしょう。棺の大きさからみて、王と両側の2人の間にはさほど大きな格差はなかったようです。

さらに、スロープを下ってふたたび上った先には方形の低い壇が造られていて、その下からも1基の木棺が見つかりました。ここに葬られた人は、後円部の王たちとどんな関係にあったのでしょうか。

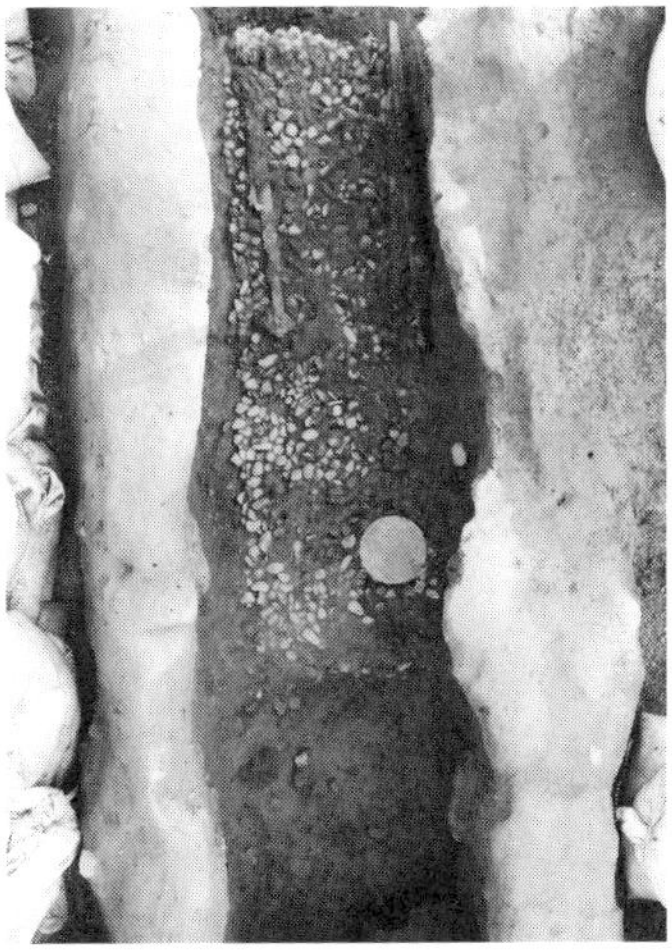

心合寺山古墳方形壇の下の木棺。鏡や鉄刀が副葬されていた（八尾市教育委員会）。

心合寺山古墳前方部の発掘状況。斜面に石を葺いた方形の低い壇（矢印）が見つかった（八尾市教育委員会）。

発掘調査中の心合寺山古墳の「天空のスロープ」（八尾市教育委員会）。

心合寺山古墳後円部に並ぶ３基の木棺。粘土に包まれた３基の木棺が、後円部の広場上に掘られた一つの墓穴の中に並んでいた。この３人は、何らかの急な出来事により、短期間のうちに亡くなった可能性がある。整備された後円部の広場に、木棺と墓穴の位置が示されている（八尾市教育委員会）。

発掘調査が終わり、整備された心合寺山古墳。３段の葺石の斜面によって高々とさし上げられた「天空のスロープ」（八尾市教育委員会）。

埴輪の区画と配列

棺の真上に再現された王の権威

古墳に立つ埴輪の9割以上は、墳丘の上の広場や各段の平坦面を巡る円筒埴輪です。大きな古墳だと周堤上にも巡らされ、大山古墳（仁徳天皇陵）の場合、その総本数は2万とも3万ともいわれています。円筒埴輪は、もともとは2世紀の瀬戸内、とくに吉備《きび》とよばれた岡山県や広島県東部の墓に立てられた、お供え用の器台《きだい》形土器から発展したものです。

円筒埴輪に対し、器物・人物・動物の形をかたどった埴輪は、形象《けいしょう》埴輪とよばれます。そのほとんどは、古墳が出現した少し後の4世紀以降に登場しました。王を葬った広場の中央、棺を埋めた真上に円筒埴輪で四角い区画がつくられ、その内側や要所に、建物（家）・蓋《きぬがさ》（玉座《ぎょくざ》

後円部上の埴輪配置の復元、三重県石山古墳（京都大学大学院文学研究科考古学研究室）。

〔形象埴輪〕

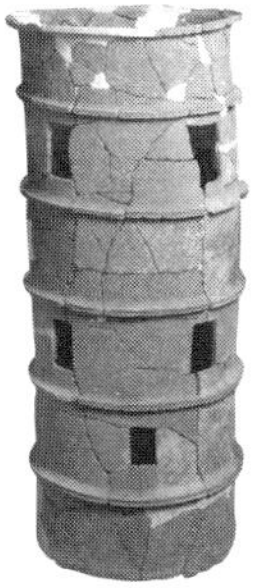

円筒埴輪
奈良県新山古墳（奈良県立橿原考古学研究所附属博物館）。

家形埴輪
三重県石山古墳（京都大学大学院文学研究科考古学研究室）。

靫《ゆき》の実物
滋賀県雪野山古墳（東近江市教育委員会）。

楯《たて》の実物
宮城県春日社古墳（仙台市教育委員会）。

蓋《きぬがさ》の実物
大阪府下田遺跡（原資料：堺市文化財課保管）。

靫形埴輪
奈良県宮山古墳（奈良県立橿原考古学研究所附属博物館）。

楯形埴輪
大阪府長原 40 号墳（大阪市文化財協会・大阪市指定文化財）。

蓋形埴輪
大阪府津堂城山古墳（藤井寺市教育委員会）。

の天蓋《てんがい》、またはパラソル）・靫《ゆき》（矢筒）・楯《たて》などの埴輪が置かれます。王の居所と、その身辺を飾り、警護する器物をかたどったものです。

5世紀に入るころ、導水施設や船など、王の活動の場を表した埴輪が加わり、建物の種類も増えて、古墳の上の広場だけではなく、造り出しや、周濠の中の小島などにも立てられるようになります。周濠の造景をいろどる水鳥や鶏《にわとり》などの鳥類をのぞくと、このころまでの埴輪は無生物の器物に限られ、人物や動物はありません。器物のうち、建物と船は数十分の一、蓋・靫・楯などは実物大のスケールでつくられ、いずれも写実的で造形は細かく、みごとなリアリティを保っています。

外からの視線を意識した配置へ

埴輪の様式が一変するのは、5世紀中ごろです。数分の一という新しいスケールでつくられた各種の動物・人物の埴輪が登場します。また、それまで実物大だった蓋・靫・楯の埴輪も、それに合わせて数分の一のスケールに縮小されます。そして、この数分の一スケールでそろえた人物・動物および各種器物の埴輪を配列し、さまざまな情景を生き生きと表現するようになりました。並べる場所も、古墳の上の広場から、造り出し、周堤など、古墳の外からよく見えるところに移りました。

6世紀になると、埴輪はしだいに退化します。円筒埴輪は小さくなり、仕上げの工程が省略されて粗雑になります。建物や蓋もますます縮小したり、変形したりしてリアリティを失い、楯や靫も、それまでとは異なった形の小型品が主流となりました。造り出しや周堤のほか、横穴式石室の入り口に並べる例も出てきます。

以上のような、4世紀から6世紀にかけての埴輪の変化は、なぜ起こったのでしょう。王の権威を示しつつ亡骸《なきがら》を護《まも》る区画から、その暮らしや営みのようすをビジュアルに演出する配列へと、埴輪の性質そのものが変化したというのが第一の理由です。そのほか、古墳の大型化や築造数の増加による大量生産の必要が、埴輪の縮小や写実性の低下を招くという背景もあったでしょう。このような変化をへて、6世紀の後半、前方後円墳の消滅と足並みをそろえるように、埴輪もまた姿を消していきました。

和歌山県大日山35号墳の造り出し上の埴輪の配列。生前の営みの再現、葬送儀礼の再現など配列の意味には諸説ある。

群馬県保渡田八幡塚古墳の周堤上の埴輪の配列（群馬県）。

写実性を失った家形埴輪

埼玉県生《お》出塚《いねづか》埴輪窯跡出土（鴻巣市教育委員会）。

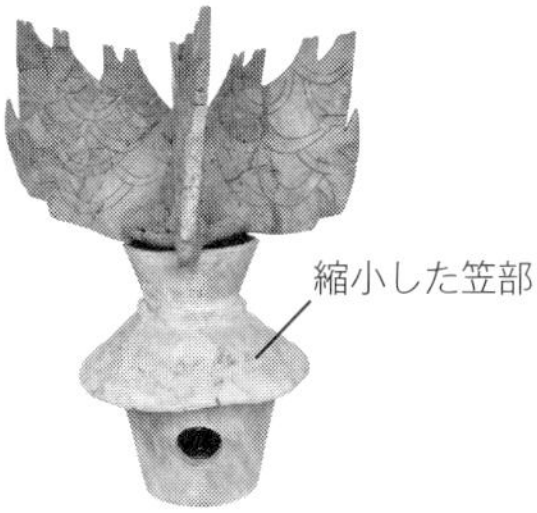

縮小した蓋形埴輪

67ページ右下の４世紀の蓋型埴輪に比べ、笠部が小さくなる。京都府塚本古墳出土（長岡京市教育委員会）。

縮小した楯形埴輪

楯ではなく、儀礼用の飾り板を模したもの。京都府塚本古墳出土（長岡京市教育委員会）。

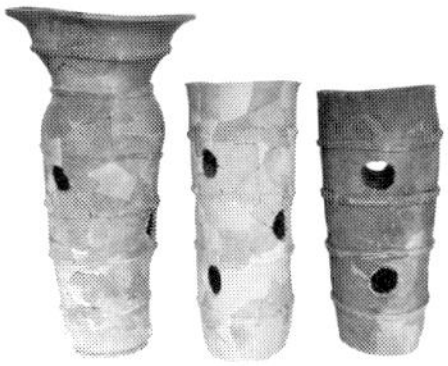

退化した円筒埴輪

67ページ左上の４世紀の円筒埴輪の半分以下の大きさ。京都府塚本古墳出土（長岡京市教育委員会）。

王と巫女《みこ》の配列

王（左端）に、２人の巫女（右の２つ）が杯をささげ、後方で３人の巫女が琴を弾く場面。群馬県綿貫観音山古墳出土（文化庁保管、群馬県立歴史博物館提供）。

馬と人物の配列

王の持ち馬たちを、馬子《まご》が口《くち》とりをして勢ぞろいする場面。奈良県笹鉾山２号墳出土（田原本町教育委員会）。

研究最前線

未完成の古墳

埋葬が終わり、埴輪を立てると、古墳は完成です。しかし、すべての古墳が完成まで達したのでしょうか。いまの建造物にも時々あるように、何らかの事情で未完成のまま放置された古墳があってもおかしくはありません。

岡山県の両宮山《りょうぐうざん》古墳は、長さが206メートルもある、吉備を代表する大型前方後円墳です。ところが、これまで何度も墳丘の発掘調査をおこなったにもかかわらず、この古墳にともなう埴輪は一片も発見されていません。そればかりか、この規模の古墳にはほぼ確実にあるはずの葺石も施されていません。未完成の可能性が高いといわれています。

当時の大型古墳は、被葬者の生前から造られ始めたと考えられます。両宮山古墳もそうだったのでしょうが、そこに葬られるべき主人が何らかの理由でいなくなったというような事情が考えられます。

『日本書紀』には、5世紀のこの地域の有力者であった吉備《きびの》上道臣《かみつみちのおみ》田狭《たさ》が、雄略《ゆうりゃく》大王の命を受けて朝鮮半島に赴いたまま帰らなかったことが示唆されています。安易な想定は禁物ですが、両宮山古墳の未完成の理由をあれこれ考えるうえでは興味深い記事です。

両宮山古墳の墳丘測量図
(赤磐市教育委員会 2005『両宮山古墳』赤磐市文化財調査報告第1集)。

現在の両宮山古墳。

古墳の構造 ―埋葬施設編―

いよいよ古墳の最深部へ迫りましょう。棺が置かれた石室内の構造、棺の形、被葬者とともに埋められた副葬品の意味について紹介します。

竪穴式石室

しだいに幅広に。加耶系の伝来にも注目

古墳の主人である王や有力者は、どんな場所に眠っているのでしょうか。

3世紀に古墳が出現したとき、前方後円墳の頂上の広場の下にしつらえられたのは、竪穴式《たてあなしき》石室でした。墓壙《ぼこう》（墓穴）を掘り、その底に板石を敷くなどして基盤とし、中央には長大な木棺を支える粘土の台（粘土棺床《ねんどかんしょう》）を造ります。木棺の四辺に石を細かく重ねて壁を積み（壁体《へきたい》）、平たい大石を架けて天井とします。さらにその上を粘土で密封したのち、墓壙を埋め戻します。

最初の竪穴式石室は、板状の石を細かく持ち送って（少しずつ内側にずらしながら置いていく積み方）壁を積むので、天井はおのずと狭くなって大きな天井石を載せる必要はありませ

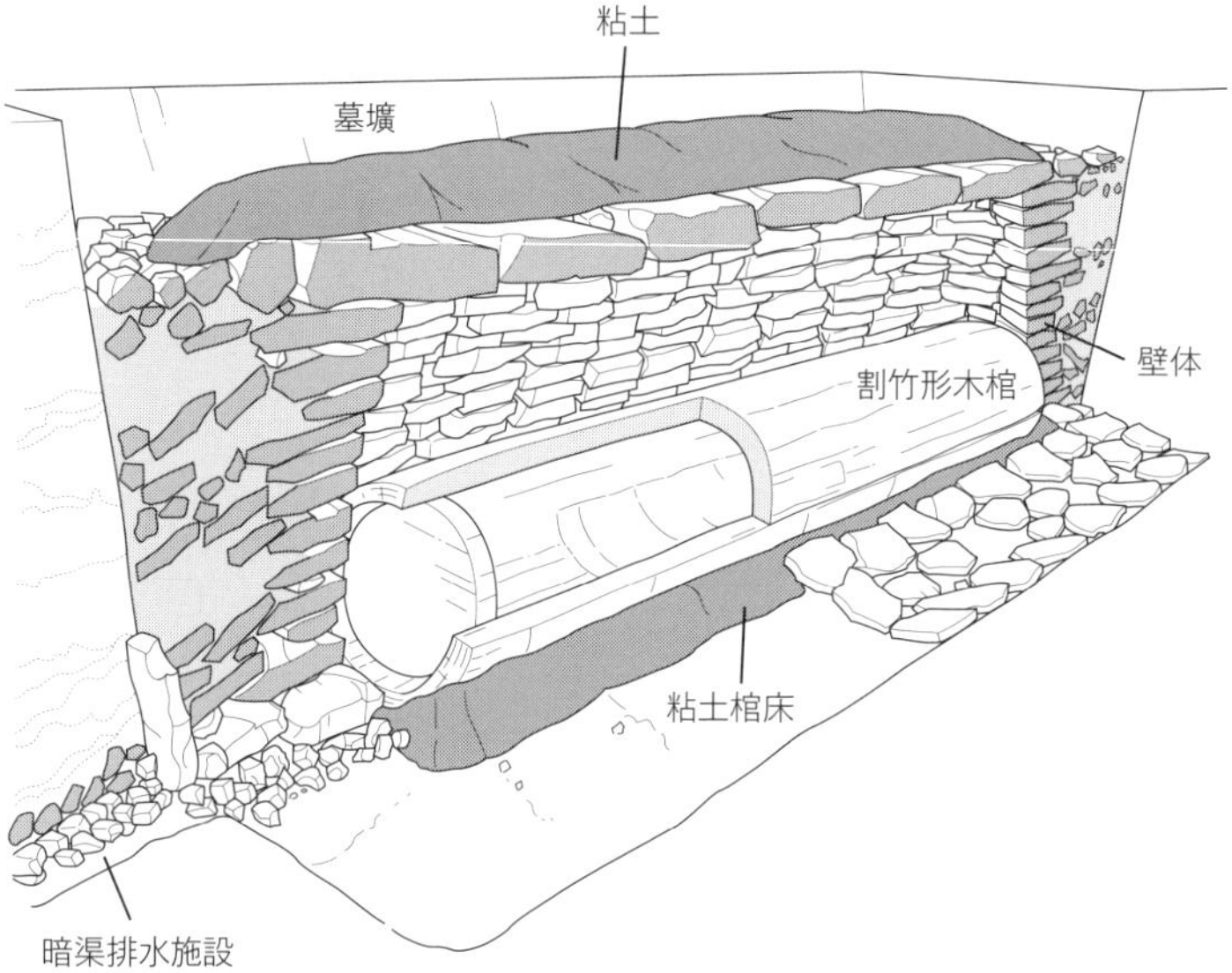

竪穴式石室の構造（北條芳隆氏の原図をもとに作図）。

ん。これを「合掌式《がっしょうしき》」などとよぶことがあります。しばらくすると壁は垂直に積まれ、大きな天井石が載るようになります。4世紀の後半から、木棺に代わって石棺が主体になると、それに合わせて竪穴式石室は、広く短くなりました。そのいっぽう、木棺を竪穴式石室に納めず、粘土で被覆《ひふく》してそのまま埋める「粘土槨《ねんどかく》」も、5世紀にかけて流行します。

5世紀の中ごろに、朝鮮半島南部の加耶《かや》から、別の系統の竪穴式石室が伝わってきます。四角い石で壁をつくり、石の間に粘土を充塡して表面をなめらかにするなどの見た目の特徴もありますが、より根本的に異なるのは、まず地表に竪穴式石室をつくって葬儀を済ませてから、その上に墳丘を盛るという、古墳造りの手順が逆転していることです。これは加耶の古墳造りの伝統ですので、その被葬者は加耶との関係がきわめて密接な人物だったといえるでしょう。岡山県の天狗山《てんぐやま》古墳や仙人塚《せんにんづか》古墳など、瀬戸内に多くみられます。

加耶系も含め、竪穴式石室は、6世紀になって横穴式石室が普及するのと入れ替わるようになくなっていきました。

岡山県の仙人塚古墳の竪穴式石室。ほぼ唯一の見学可能な加耶系竪穴式石室。石の間に充塡されていた粘土は失われている。長さ3×幅0.8メートル。箱形の木棺が置かれていたと考えられる。

奈良県の桜《さくら》井《い》茶臼山《ちゃうすやま》古墳の竪穴式石室。壁は垂直に近くなり、大きな天井石が架かる。長さ6.75×幅1.27メートル（奈良県立橿原考古学研究所）。

奈良県の黒塚《くろづか》古墳の竪穴式石室。壁は石を持ち送って積むので上のほうは狭く、大きな天井石はない。長さ約8.3×幅約0.9～1.3メートル（奈良県立橿原考古学研究所）。

いろいろな棺

被葬者の地位を表す

竪穴式石室に置く木棺は、巨木（多くはコウヤマキ）の幹を半裁し、中をくりぬいてつくられました。半裁同士をほぼそのまま蓋《ふた》と身に合わせた丸みの強いものを割竹形《わりたけがた》木棺、丸みが弱くて全体が薄いものを舟形《ふながた》木棺とよびます。前方後円墳に納められる大きなものは、長さが5メートル以上もあります。被葬者一人を中央に横たえて、なお前後に空間が余るような長大な木棺が、なぜ必要とされたのでしょうか。

　多くの長大な木棺は、2つの仕切りで3つの空間に分かれ、中央に被葬者の遺骸が、前後の空間には各種の副葬品が置かれました。多くの副葬品を、約束事に沿って決まった場所に置く儀礼のため、この空間は設けられ、結果として

佐賀県熊本山古墳の木棺を写した石棺。木棺と同じように3つに仕切られている（佐賀市教育委員会）。

巨木をくりぬいてつくった大阪府久《きゅう》宝寺《ほうじ》1号墳の木棺（公益財団法人大阪府文化財センター）。

大阪府松岳山《まつおかやま》古墳の初期の長持形石棺（柏原市立歴史資料館）。

長大な木棺を要したようです（80ページ）。

4世紀に入ると石棺が現れ、大きな前方後円墳に眠る王に取り入れられていきます。当初は木棺の形を写した割竹形や舟形の石棺が現れますが、やがて近畿の大王のひざ元で、6枚の石材を組み合わせた長持形《ながもちがた》石棺が生み出されました。

5世紀にかけて、百舌鳥・古市古墳群の主要な古墳では、竪穴式石室に長持形石棺を納めることが、大王を含む最高ランクの埋葬として行われたと考えられています。

6世紀に入るころ、家の屋根のような形の蓋をもった家形石棺が現れ、折から普及する横穴式石室の中に置かれました。石材をくりぬいて身とした家形石棺（刳抜式《くりぬきしき》家形石棺）は、大王や大豪族などの最高ランクの埋葬に限られました。やや下位の人々は、同じ家形石棺でも石材を組み合わせてつくったもの（組合式家形石棺）や、木材を釘《くぎ》で留め合わせてつくった棺（組合式木棺）に葬られました。また、奈良県や岡山県などの一部の地域では、焼き物の棺（陶棺《とうかん》）も用いられました。

奈良県藤《ふじ》ノ木《き》古墳の復元された家形石棺（上）と横穴式石室に置かれた実物の家形石棺（左）（斑鳩町教育委員会・奈良県立橿原考古学研究所）。

奈良県宮山《みややま》古墳の竪穴式石室に収まる長持形石棺（奈良県立橿原考古学研究所）。

横穴式石室

巨大さから美しさへ

6世紀以降、ほぼ全国の古墳に広まる横穴式石室には、大きく2つの系統があります。

一つは「近畿型」で、玄室《げんしつ》（棺を置く部屋）に羨道《せんどう》（そこへの通路）が取り付き、埋葬が終わったのちの閉塞は、羨道に石を積み上げておこないます。ルーツは、5世紀の百済《くだら》の横穴式石室だといわれます。6世紀に、近畿から各地に広まりました。

もう一つは「九州型」で、発達したものは、しばしば玄室の手前に前室というもう一つの部屋があり、それに羨道が取り付くという「副室《ふくしつ》構造」をとります。埋葬後の閉塞は、大きな板石を立てておこないます。4世紀の終わりごろ、竪穴式石室に小さな横口を付けたものから発展し、5世紀には九州一円に広がり、他の地域にも伝わりました。

近畿型・九州型とも、年代を追って形が変化します。とくに近畿型は、大王や大豪族を頂点とする身分や権威をしめす役割をもたされ、より大きく美しく見えるように発展しました。6世紀前半の初期のものは、小ぶりの石を持ち送り気味に積んだ玄室の、左右どちらかの片寄った位置に細い羨道が付きます。6世紀後半にかけて石は大型化し、高い天井をもった大空間の玄室の中央に羨道が取り付きます。規模はこの時期がピークです。

7世紀になると、大きさより美しさが競われるようになり、切石を整然と組んだ玄室に、幅の広い羨道が付きます。7世紀後半には、規模はますます縮小し、美しさはピークに達します。7世紀の終わりから8世紀にかけて、石室は、

〔 九州型の横穴式石室 〕

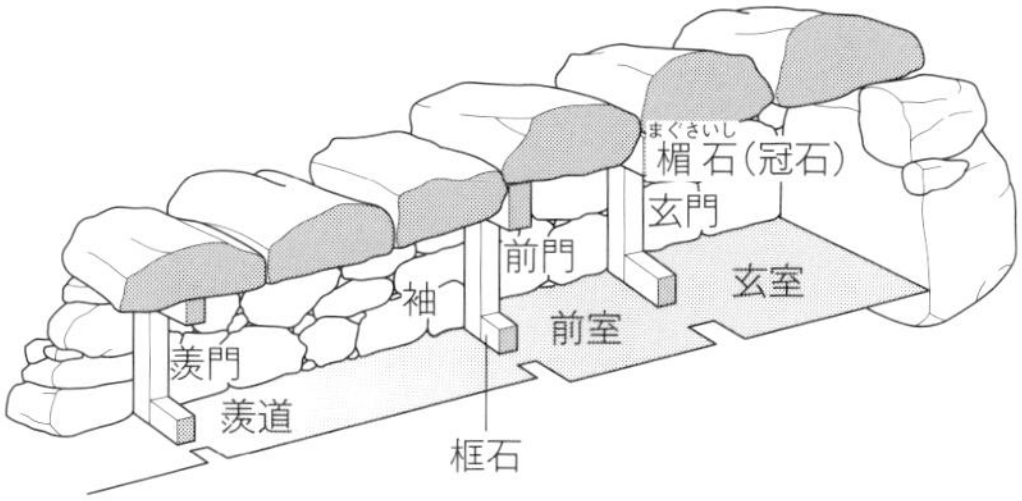

(「勅使河原彰編 1999『埋もれた歴史を掘る』白鳥舎」をもとに作図)

〔 近畿型の横穴式石室 〕

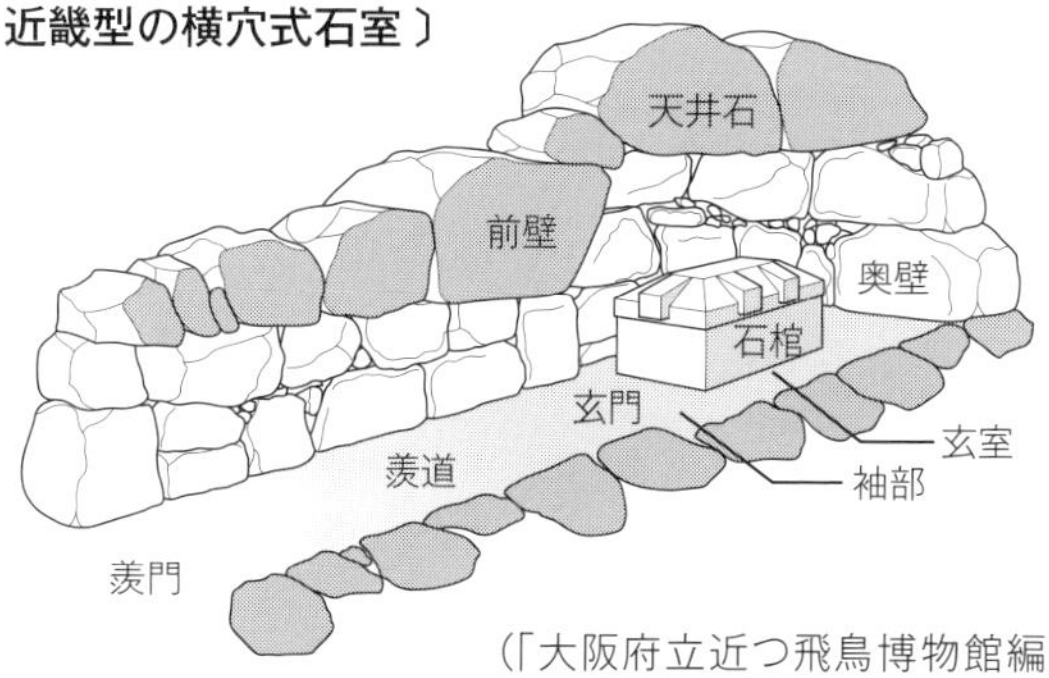

(「大阪府立近つ飛鳥博物館編 2007『横穴式石室誕生ー黄泉国の成立ー』」をもとに作図)

奈良県岩屋山《いわややま》古墳の7世紀中ごろの横穴式石室。巨大な切石を整然と積んでいる。

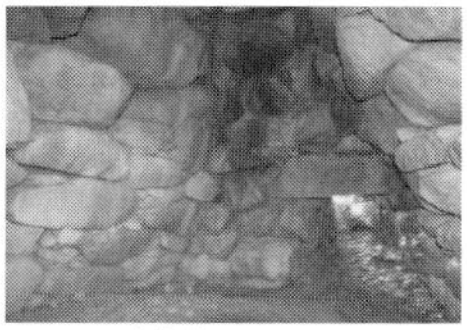
奈良県柿塚《かきづか》古墳の6世紀前半の横穴式石室。比較的小型の石材を持ち送り気味に積み、天井は狭い。

奈良県烏土塚《うどづか》古墳の6世紀後半の横穴式石室。大型の石材を高く積んで大空間を造る。

岡山県長砂《ながさこ》2号墳の7世紀末ごろの横口式石槨。

奈良県文殊院《もんじゅいん》西古墳の7世紀後半の横穴式石室。高度な切石組み。

被葬者の遺骸がぎりぎり納まる、カプセルホテルのベッドほどの小空間になってしまいます。これを横口式石槨《よこぐちしきせっかく》といいます。古墳の最後の姿ですが、奈良県の高松塚古墳やキトラ古墳のように、漆喰《しっくい》を塗った上に極彩色の壁画を描き、美しさを極めたものもあります。

ご当地石室大集合

石室探検は古墳巡りの醍醐味

横穴式石室には、時期による変化だけではなく、地域による形のバラエティがあります。近畿型・九州型の2大型式を基本に、ときには両者を折衷したりして、さまざまな地方型式が生まれました。旅先で、こうした「ご当地石室」にもぐりこみ、技法や雰囲気の違いを楽しむのは、古墳巡りの最大の醍醐味です。

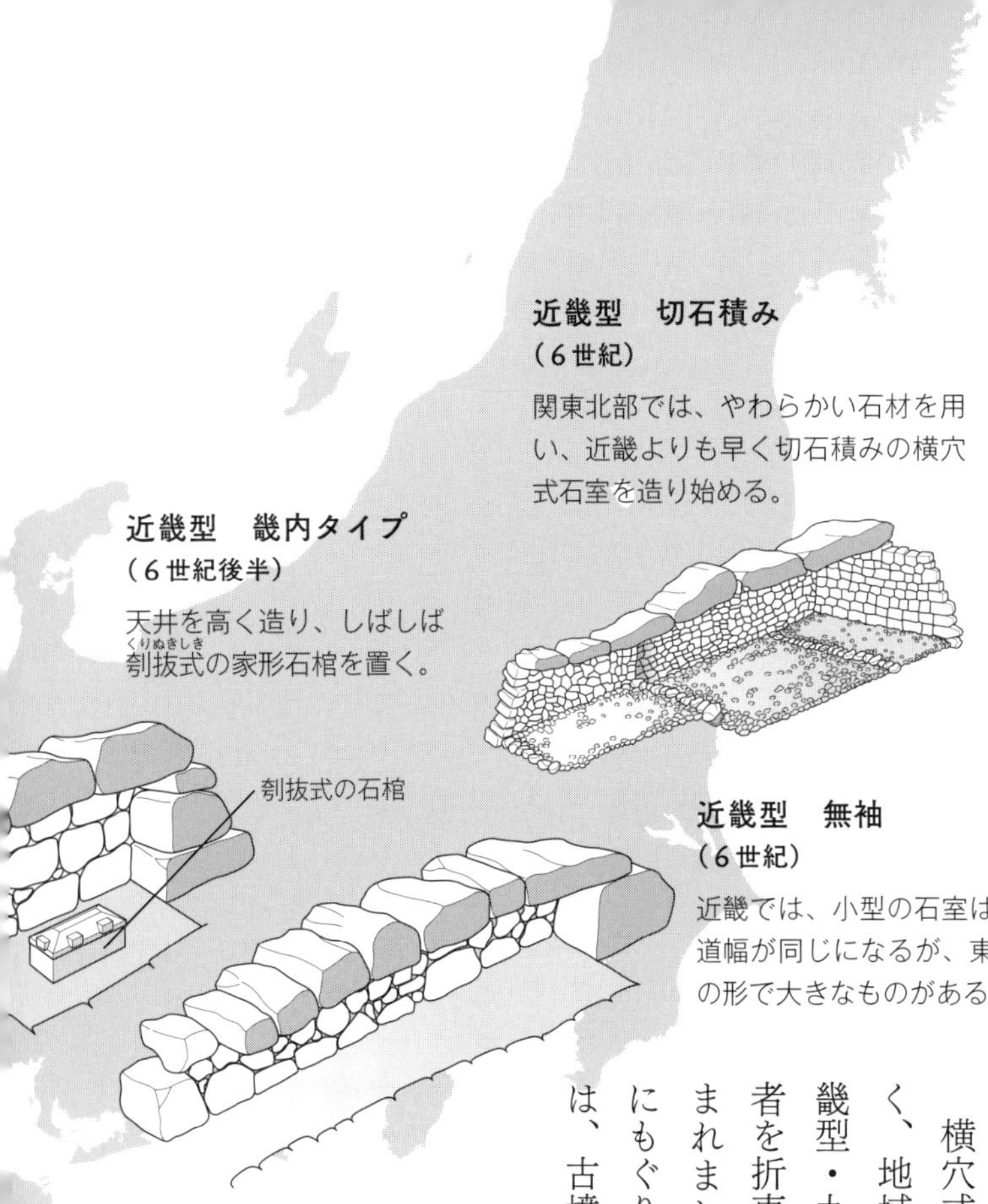

近畿型　切石積み
（6世紀）

関東北部では、やわらかい石材を用い、近畿よりも早く切石積みの横穴式石室を造り始める。

近畿型　畿内タイプ
（6世紀後半）

天井を高く造り、しばしば刳抜式《くりぬきしき》の家形石棺を置く。

近畿型　無袖
（6世紀）

近畿では、小型の石室は玄室幅と羨道幅が同じになるが、東日本にはこの形で大きなものがある。

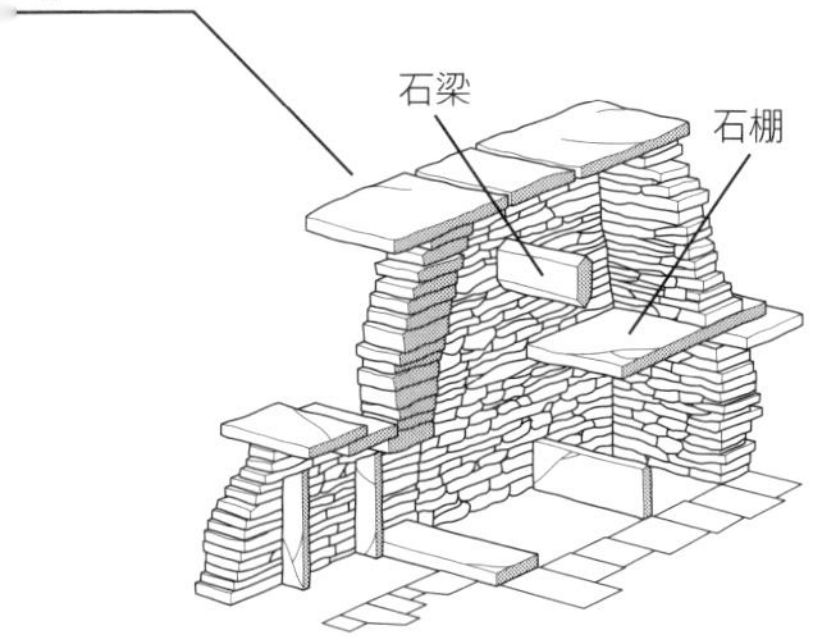

折衷型　紀伊タイプ
（岩橋型《いわせ》、6世紀）

天井を高く造り、石梁《せきりょう》や石棚で補強する。

石棺式石室
（6世紀後半～7世紀前半）

出雲では、家形石棺を近畿以上に巨大につくって横口を開ける。横口を開けた石棺は、出雲の西部ではそのまま横穴式石室内に置かれるが、出雲東部では横口にじかに羨道を付ける。こうして石棺が石室化したものを石棺式石室とよぶ。関東北部の下総にも似たものがある。

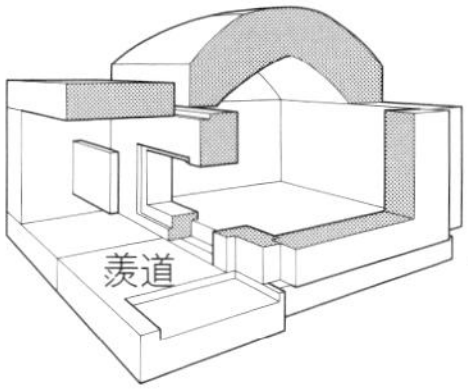

近畿型　吉備タイプ
（6世紀後半）

大きいものは刳抜式家形石棺を置くなど、近畿に準じたスタイルだが、奥壁を一枚石にすることにこだわるあまり、玄室の天井は低く、さらに羨道との間の天井石が一つだけ低く架けられる。

九州型　古式
（5世紀）

石室は幅広く、持ち送り気味に壁を積む。羨道の床が玄室の床よりも高く、入り口が「ハ」の字状に開く。

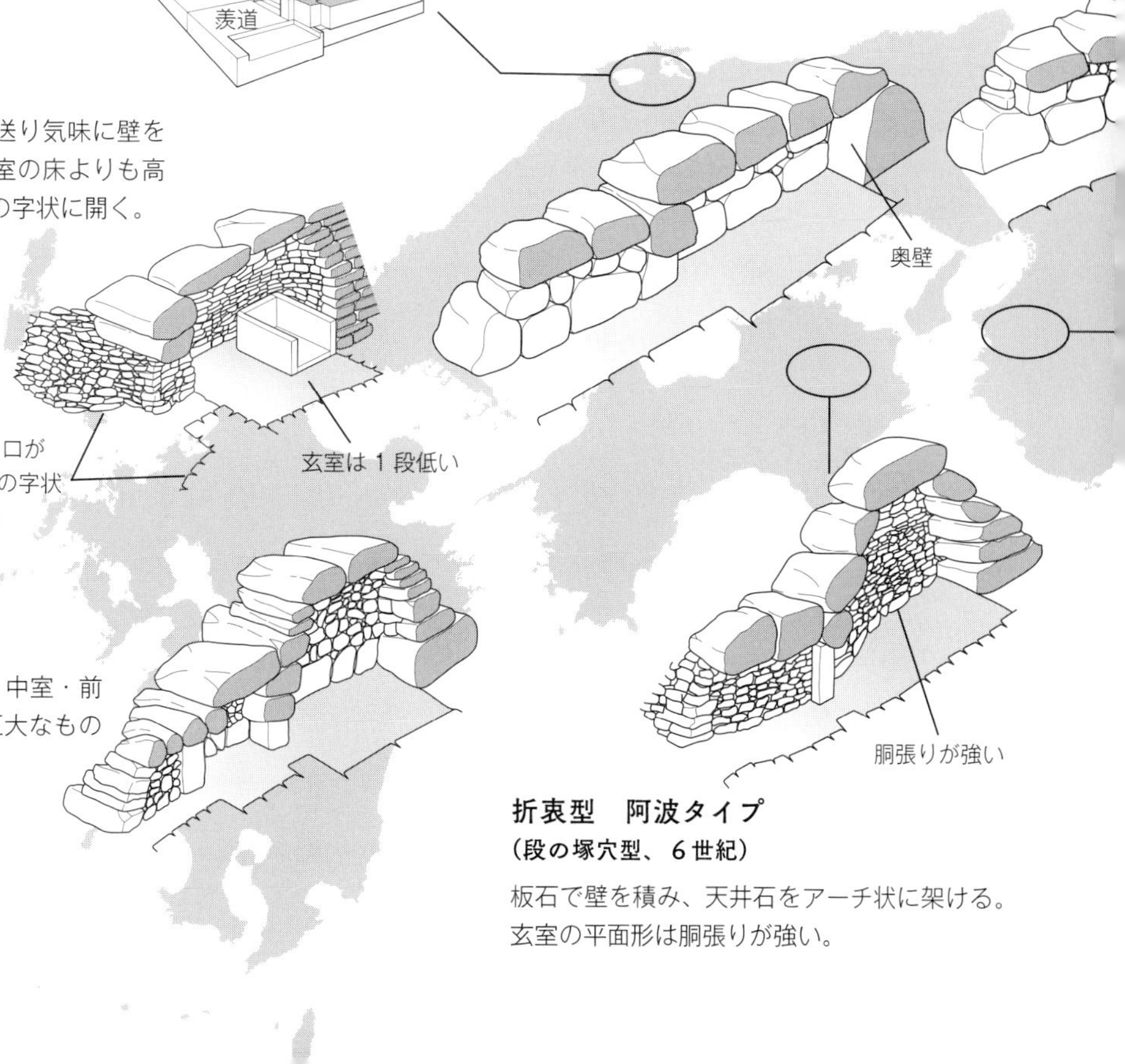

九州型　標準タイプ
（6世紀）

大型のものは３室（玄室・中室・前室）の副室構造をとる。巨大なものが壱岐島にある。

折衷型　阿波タイプ
（段の塚穴型、6世紀）

板石で壁を積み、天井石をアーチ状に架ける。玄室の平面形は胴張りが強い。

亡き王をめぐる副葬品

王を護り、権威を誇示する多種多様の品々

いよいよ、石室や棺の中のものを、詳しく見てみましょう。

3世紀に現れた竪穴式石室の中には、※内法《うちのり》いっぱいに長大な木棺が置かれています。しばしば3つの区画に仕切られ、中央の区画に被葬者の亡骸《なきがら》が横たえられます。亡骸と同じ区画に入れられるのは、彼や彼女が身に帯びていた刀や短剣、玉や石製品、少数の鏡など、生前から大切にしていた品です。

残り2つの区画には、被葬者の王としての権威や職能《しょくのう》（大王に仕えるときの役割）を示す器物が置かれました。例にあげた雪野山《ゆきのやま》古墳では、大王のもとから授かった青銅製の鏃《やじり》を付けた飾り矢の束を、漆塗《うるしぬ》りの靫《ゆき》（矢筒）に入れて納め、近江の要地を押さえる軍人王の姿を演出しています。多量の玉や石製品を入れ、神祇《じんぎ》をつかさどる王としての姿を示した古墳もあります。その他、雪野山古墳の朱《しゅ》入り土器のように、埋葬の儀礼に用いたものを置くこともあります。

木棺の外周に並べられた多数の刀剣やヤリなどの武器は、被葬者の権威を演出するとともに、その亡骸を護《まも》りました。光る鏡面を内側に向けた多数の三角縁神獣鏡《さんかくぶちしんじゅうきょう》をここに並べた、奈良県黒塚古墳のような例も知られています（10ページ）。辟邪《へきじゃ》（邪悪をさける）の意味でしょう。

多種多様の品々の何をどこに置くかという約束事と、それにのっとった複雑な儀礼は、4世紀以降、長大な木棺が石棺に置き替わっていくとともに、姿を消していきます。5世紀になると、鉄製の刀剣や甲冑《かっちゅう》（よろい・かぶと）、農工具などの中から、同じ種類のものを多量に集

※内側の寸法。

〔雪野山古墳の竪穴式石室と舟形木棺、副葬品〕

靫《ゆき》に入れられた飾り矢の束

青銅製の鏃《やじり》を付けた飾り矢の束が納められていた。

碧玉《へきぎょく》製の腕輪

ゴホウラという南海産巻き貝で作った貝輪を石に写したもの。

碧玉製の玉杖《ぎょくじょう》頭

鉄の心棒を入れていた痕跡がある。内行花文鏡の下から出土した。

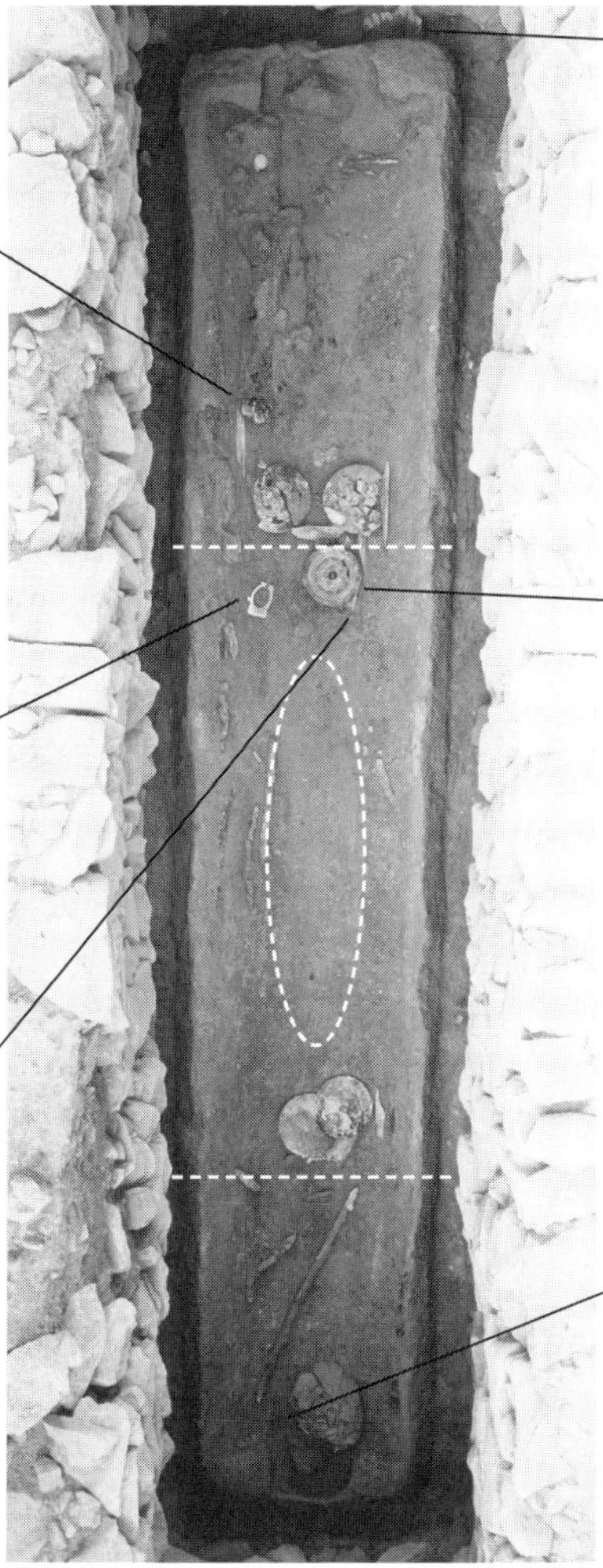

破線で楕円《だえん》形に囲んだ中央部に、被葬者が横たえられた（骨などは腐朽して残っていなかった）。被葬者の上下にある破線の箇所に、木製の仕切りが設けられた（東近江市教育委員会）。

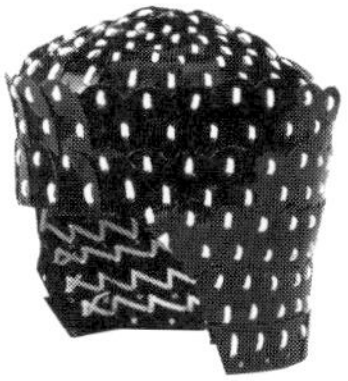

鉄の小札を綴じ合わせた冑《かぶと》

中国からの舶載品と考える人が多い。仕上げに黒漆を塗る。

倭製大型内行花文鏡《ないこうかもんきょう》

５面の鏡があったうちの１面。

精製の装飾壺（土器）

内部には朱が残っていた。

め、棺の外側や副葬専用の小古墳に一括して埋納する儀礼が流行するようになりました。百舌鳥・古市古墳群では、そうした埋納のあとがたくさん見つかっています。

副葬品のリニューアル

近畿を発信元に各地に流行が広まる

古墳に副葬された品々の種類や形は、めまぐるしく変わります。葬儀のような伝統的な儀礼にまつわる事柄はしばしば保守的ですが、古墳の儀礼はそうではありません。棺の形や埴輪の種類も含め、世代ごとにリニューアルされました。

このリニューアルが、各地の王の自由な意図によってではなく、大王のいる近畿から広まった点は重要です。墳形・埴輪・棺・副葬品にわたる新しいアイテムが、つねに近畿で創案され、各地の王たちに受け入れられました。彼ら彼女らに対して絶対的な支配権をもたなかった大王は、このことによって求心力を保つことができたと考えられます。

そのおかげで、九州から東北までの古墳の様式は、ほぼ一斉にめまぐるしく変わるので、年代を推定するのに好都合です。この変化の過程を明らかにする作業は「編年《へんねん》」とよばれ、考古学者の重要な仕事の一つです。編年図からは、350年間の古墳の姿の変化を一目で読み取ることができます。その背景には、古墳の意味や社会的役割の変質もうかがえ、古墳時代の歴史を復元するための強力な手がかりともなります。

3世紀中ごろに現れてから5世紀に入るまでは、鏡や石製品などのマジカルな器物が、大王のいる近畿から各地の王や有力者の間に流通しました。大王のもとでの器物の生産は、5世紀には甲冑《かっちゅう》（よろい・かぶと）を中心とした武具が主力となり、各地の王や有力者たちはそれを着用して軍事的威信を示しました。6世紀に入ると、装飾付き大刀や馬具など、王たちの身分を表す品々が、その古墳に副葬されました。

〔古墳の編年〕

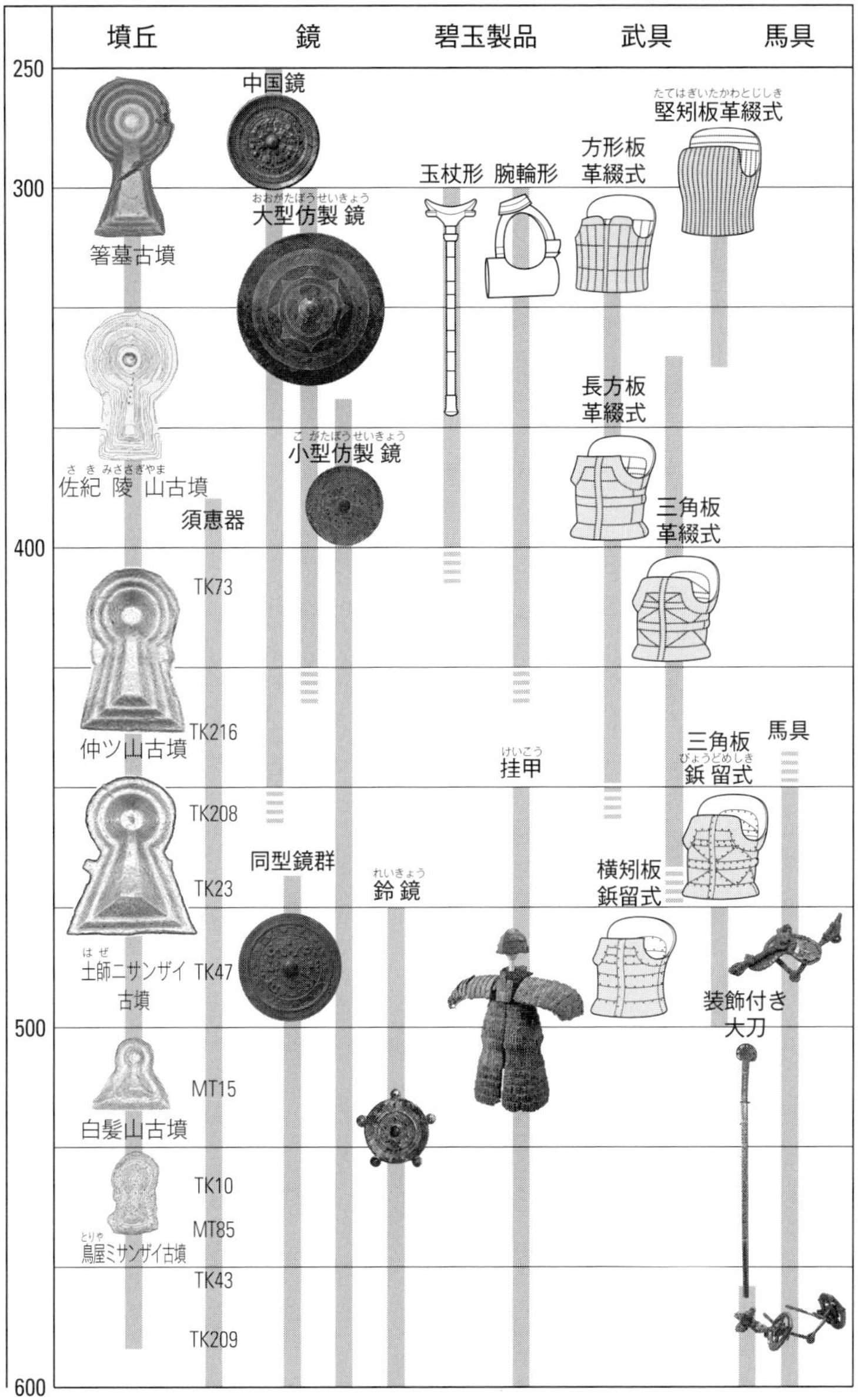

250頃　卑弥呼死す
266　倭の女王（台与《とよ》？）西晋に遣使
369頃　七支刀《しちしとう》がもたらされ、倭と百済が正式に通交を開始
391　倭が朝鮮半島で軍事行動を行い、高句麗と対立（～407）
421　倭王 讃《さん》、宋に遣使
438　倭王 珍《ちん》、宋に遣使
443　倭王 済《せい》、宋に遣使
462　倭王 興《こう》、宋に遣使
478　倭王 武《ぶ》、宋に遣使
（421～478：倭の五王）
507　継体大王が即位
527　筑紫君磐井《つくしのきみいわい》が大王と軍事衝突
539　欽明大王が即位
585　敏達大王が没し、大王として最後に前方後円墳に埋葬される

墳丘と副葬品を中心に、何人かの研究者による作業を簡略にまとめて示した。

元図は、新納泉 1992「時代概説・古墳時代」（小野昭、春成秀爾、小田静夫、日本第四紀学会編『図解・日本の人類遺跡』東京大学出版会）より。

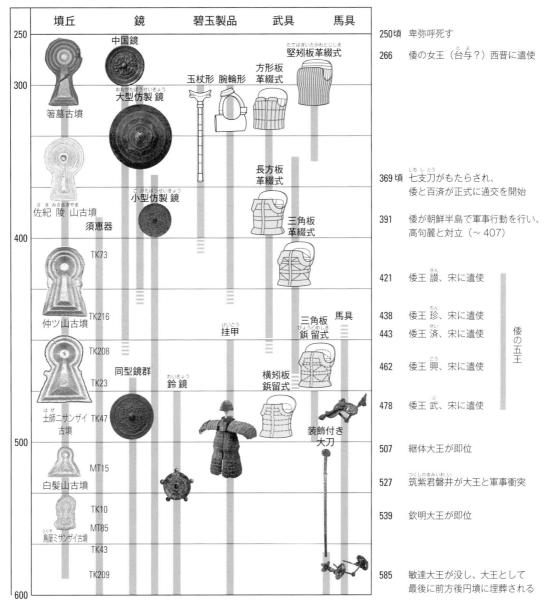

年代のモノサシ

絶えず生産された須恵器は一級のモノサシ

墳形・埴輪・棺・副葬品など、古墳の編年に用いられるアイテムはめまぐるしく変わるので、いずれもが古墳の新古を決めるモノサシになりますが、もっとも有効で多用されるのは須《す》恵《え》器《き》（釉《うわぐすり》をかけずに窯《かま》で焼いた陶器）です。4世紀の後半に朝鮮半島から伝わったあと、一貫して生産されながら技術や形態は細かく移り変わり、しかもその変化は列島の広い範囲でほぼ一斉です。どの地域にも広く通用する高精度のモノサシとなります。

須恵器は、それを焼いた窯跡の資料をもとに、20～30年のスパンで変化の過程が明らかにされているので、83ページの古墳編年図にもそれを書き加えています。英字と数字を組み合わせた

〔須恵器の編年〕

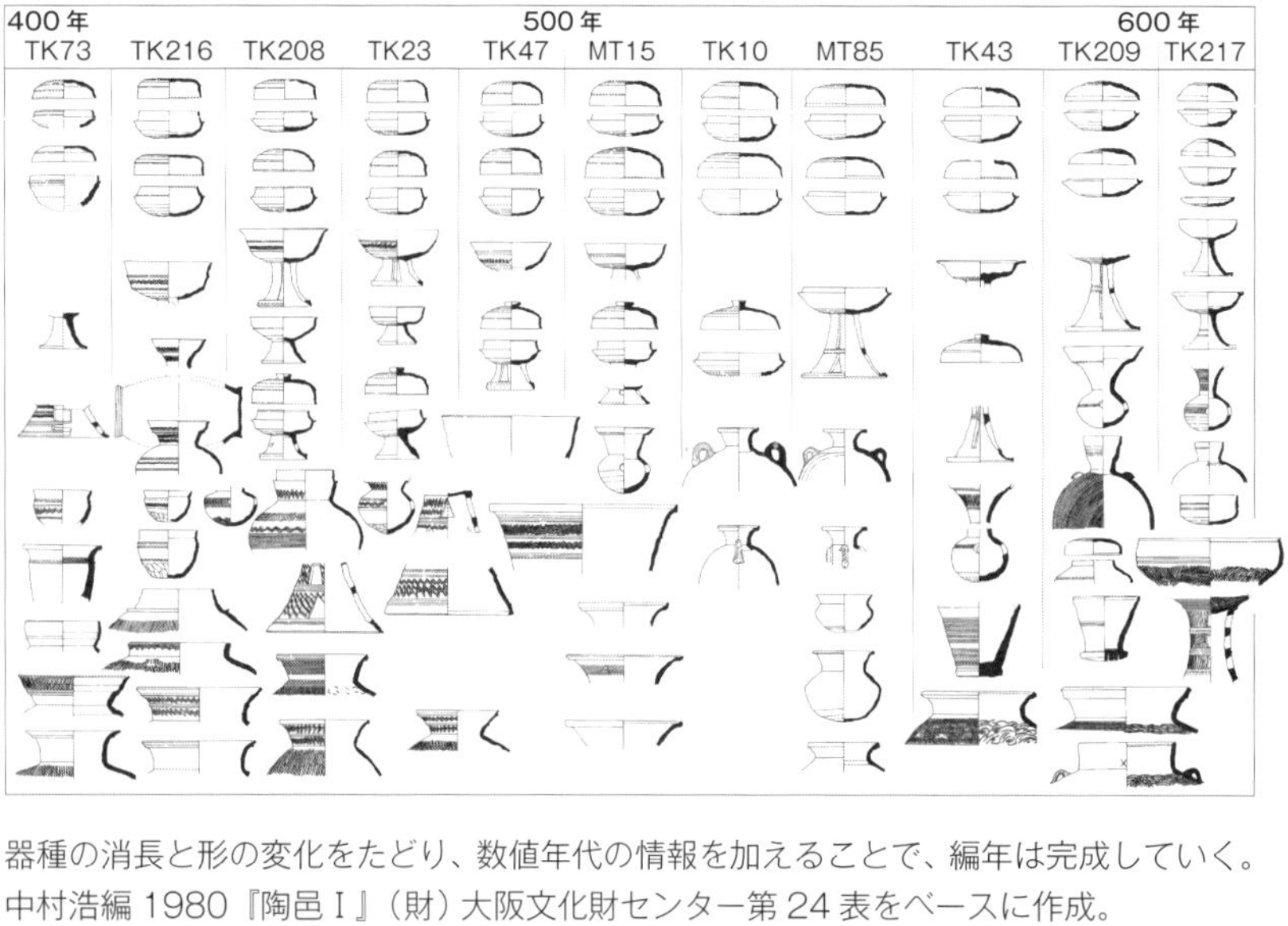

器種の消長と形の変化をたどり、数値年代の情報を加えることで、編年は完成していく。
中村浩編 1980『陶邑Ⅰ』（財）大阪文化財センター第24表をベースに作成。

「ＴＫ73」などは、その時期の標準となる資料が出土した窯の名称です。

ＴＫ73型式の須恵器は、年輪年代で４１２年に伐採されたことが判明した樹木とともに出土した例があります。また、４７１年と考えられる「辛亥《しんがい》年」の文字を刻んだ鉄剣を出した埼玉県の稲荷山《いなりやま》古墳（92～95ページ）では、ＴＫ47型式の須恵器が見つかっています。須恵器の編年に、このような数値年代の情報を加えていくことで、モノサシが仕上がっていきます。

〔須恵器の坏の変化〕

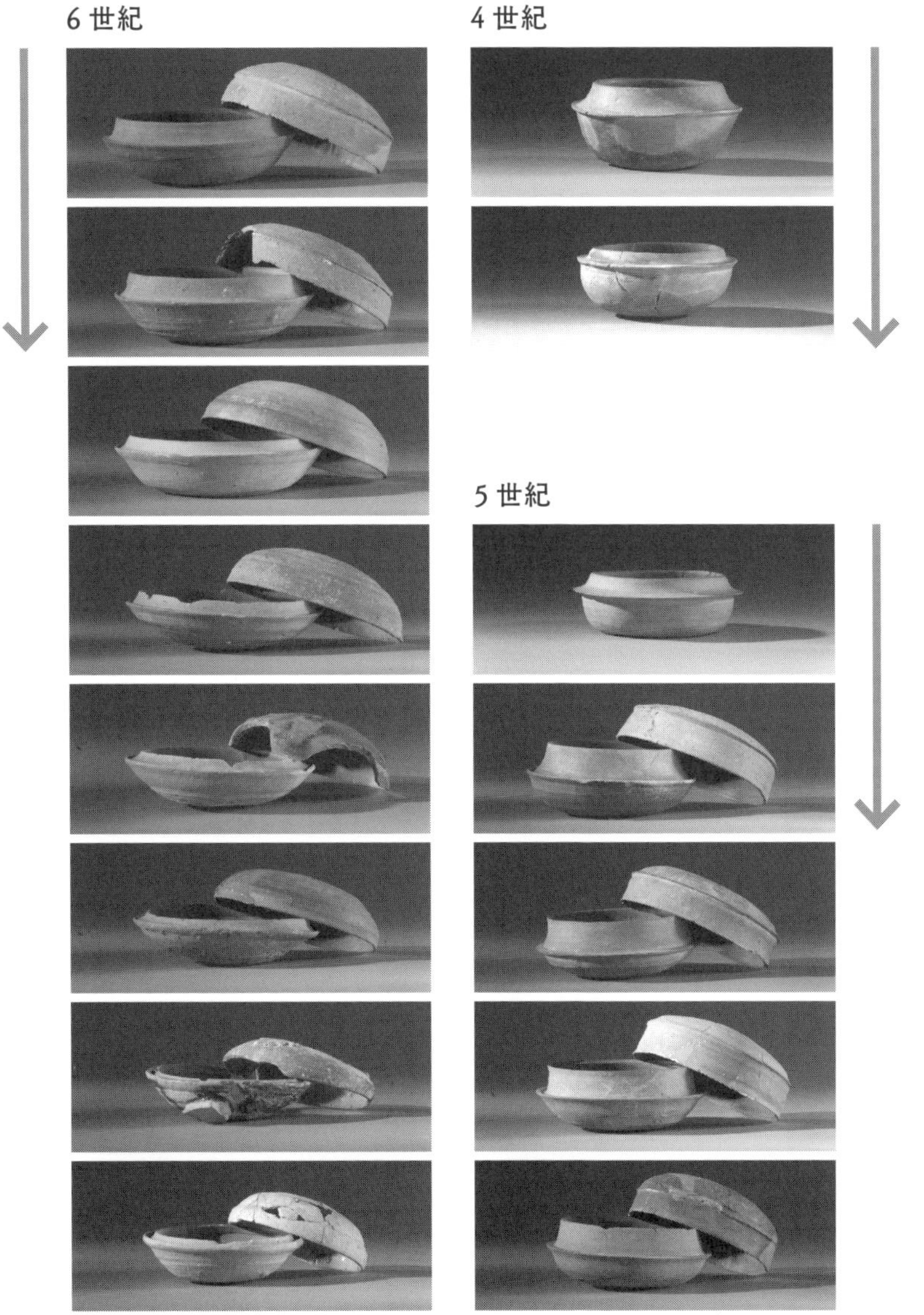

須恵器のうち、もっともたくさんつくられ、変化の過程も明快なのは坏《つき》（食物を盛る浅い皿）である。蓋の稜線（中ほどのところにある角張《かどば》り）、身の立ち上がり（蓋を受ける部分）の長さや角度、仕上げ削りの施し方などに変化が現れる。

研究最前線

相対年代と絶対年代

考古学の年代決定は、2段階です。第1段階は、資料どうしの新古の関係で、編年のモノサシの目盛りに当たります。これを「相対年代」といいます。目盛りに数値（何年前か）をつけるのが第2段階で、これが「絶対年代」です。「実年代」または「暦年代」ともいいます。

　絶対年代を求めるときに、よく用いられるのは3つです。1つ目は、年代が刻まれた資料で、年号を鋳《い》出《だ》した鏡などが典型です。2つ目は年輪年代法で、出土した木材や木製品の年輪のパターンから、その樹木が伐採された年を割り出します。

　3つ目は、放射性炭素年代法です。動植物の体をつくっていた放射性炭素の量から、それが死んでからの年数を測定する方法で、21世紀に入るころから精度が増しました。国立歴史民俗博物館では、一定の幅をもつ測定値を土器編年のモノサシの目盛りに割り振ることにより、詳細な年代を推定する方法（ウィグル・マッチング法）を実用化し、先史・古代史に新しい年代観をもたらしています。

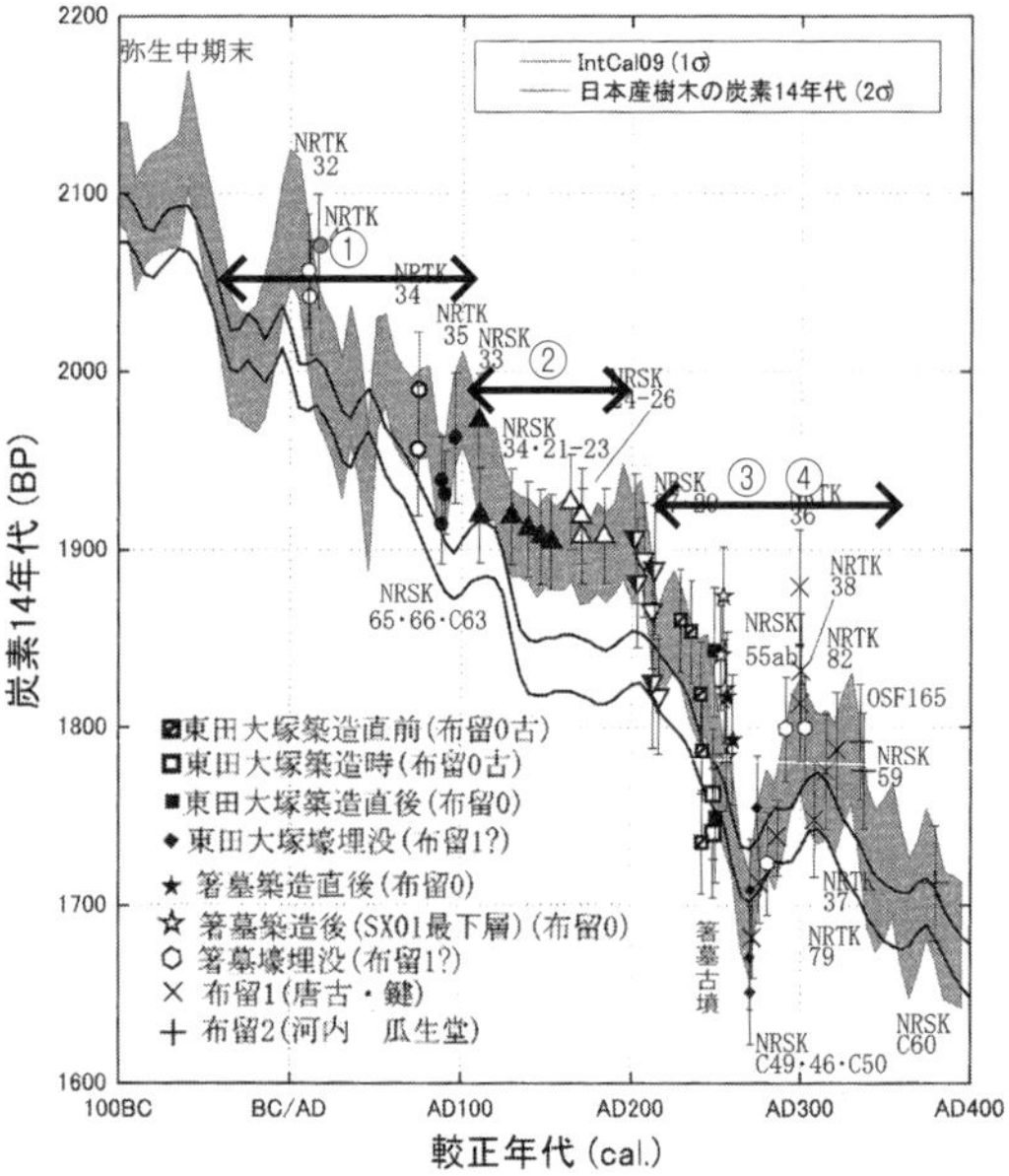

①畿内Ｖ様式

②庄内式

③布留０式

④布留１式

ウィグル・マッチング法

古墳出現期の土器といわれる「布留０式」(③)、および次の「布留１式」(④)の測定値は、測定値を年代に置き換えた較正年代（グラフ上の灰色の帯）に重ね合わせると、ともに３世紀中ごろ、および３世紀末～４世紀前半の２ヶ所に重なる。土器編年からは、底部が尖り気味で弥生土器に近い布留０式が古く、完全に丸底となった布留１式は新しい。この知見を加えると、古いほうの３世紀中ごろに布留０式が、新しいほうの３世紀末～４世紀前半に布留１式が当たると考えるのがもっとも合理的である。

話題の古墳へ行ってみよう

古墳時代の男と女、中央と地方、陵墓治定の正しさ、思想と世界観など、いま学界でいちばんホットな議論の舞台となっている古墳を紹介していきます。

主は女性か男性か？

大安場《おおやすば》1号墳（4世紀）

福島県郡山市

エキゾチックな赤い前方後方墳

郡山の駅から東北新幹線に沿って3キロメートルほど南下し、阿武隈《あぶくま》川を東に渡ってしばらく進むと、丘の上に要塞のような土の構築物が見えてきます。

ここが古墳だとわかったのは1995年です。実態を明らかにするために、その翌年から郡山市教育委員会が発掘調査を始めました。それによって、墳丘の長さが83メートルある、東北地方最大の前方後方墳だと判明しました。

これほど大きい古墳なのに、葺石はありません。大きくても石を葺かない古墳は、関東の東部から東北地方にかけてたくさんあります。葺石で白く輝く古墳を見慣れていた南や西の地方の人々の眼に、土むき出しの真っ赤な大型古墳は、とてもエキゾチックに映ったことでしょう。いまは芝に覆われ、秋冬は褐色の、春夏は緑の巨体が空に映えています。

南や西の地方では普通に墳丘に並んでいる円《えん》筒埴輪《とうはにわ》も、この古墳には見られません。これも関東や東北の古墳によくあることですが、その代わりとして、壺形の土器を、後方部の頂《いただき》の

麓から見上げた大安場１号墳。現在は、墳丘頂上に復元した壺形土器が置かれている（郡山市教育委員会）。

復元された割竹形木棺。ガイダンス施設の中に、巨大な割竹形木棺が実寸大で復元されている。その大きさには驚く（郡山市教育委員会）。

前方部の前に、円墳の2号墳がある。他にさらに3基の円墳があり、全5基で大安場古墳群を構成する。1号墳の左側に見えるリング状の屋根はガイダンス施設。出土した石釧《いしくしろ》をかたどっている。出土品や復元模型が、わかりやすい解説とともに展示されている（郡山市教育委員会）。

広場や前方部の上にたくさん並べていたようです。土器の底には、焼く前から穴が開けられていて、お祀り用の仮器《かき》（実用ではなく、見立ての道具）だったことがわかります。この土器の形などから、大安場1号墳が築かれたのは4世紀後半と考えられます。

全国最大級の割竹形木棺

墳丘の寸法こそ、東北という地方レベルでの上位にとどまりますが、後方部の頂の広場に埋められていた木棺は、内法《うちのり》が9・2メートルもある、全国最大級の割竹形《わりたけがた》木棺でした（舟形木棺とする人もいる、74ページ）。竪穴式《たてあなしき》石室には納めず、そのまま埋めていましたが、このやり方は、近畿などでもしばしば見られるものです。

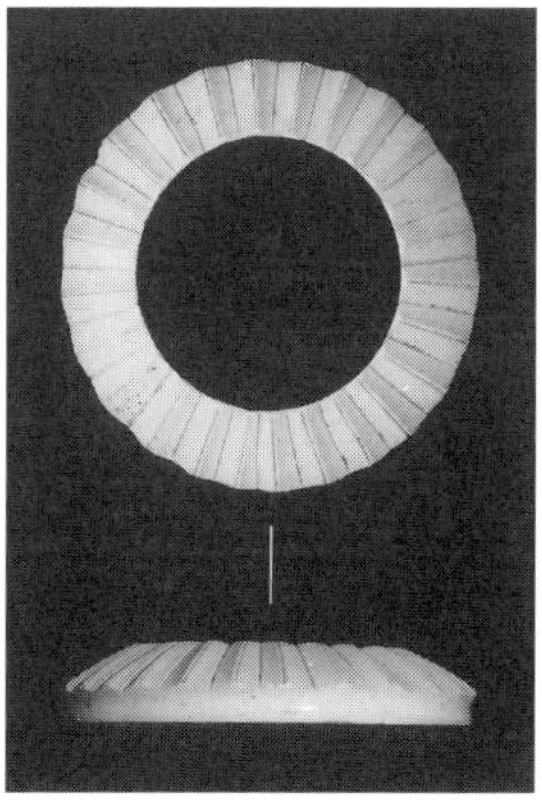

木棺に納められていた石釧。外形・孔ともに正円をなすのは石釧の特徴。扁平さと波形の彫刻は車輪石（11ページ）の特徴（郡山市教育委員会）。

ほかの長大な木棺の例からみて、被葬者の遺体は棺の中央に、北枕で横たえられたと考えられます。その枕もとの一帯に朱《しゅ》（水銀を主成分とする紅色の顔料）の粒がまかれ、右腕の手首と思しきところに、碧玉《へきぎょく》とよばれる薄緑色の石でつくった腕輪があります。これは、女性の着用例が多い「石釧《いしくしろ》」という種類の腕輪です（ただし「車輪石《しゃりんせき》」に分類する意見もあります）。さらに、遺体の足元側（南寄り）の空間には鉄の大刀・短剣・ヤリが並べられ、その先には鎌・斧などの鉄製の農工具がありました。頭側（北寄り）の空間からは何も見つかりませんでしたが、繊維や革など、残りにくい材質の品々が置かれていたのでしょう。

副葬品と性別

副葬品目から被葬者の性別を推定する精度が、岡山大学教授の清家章さんらの研究によって、近年飛躍的に高まりました。いくつかの指標がありますが、いちばん確かでわかりやすいのが鏃《やじり》と甲冑《かっちゅう》（よろい・かぶと）で、男性に

〔割竹形木棺の副葬品の配置〕

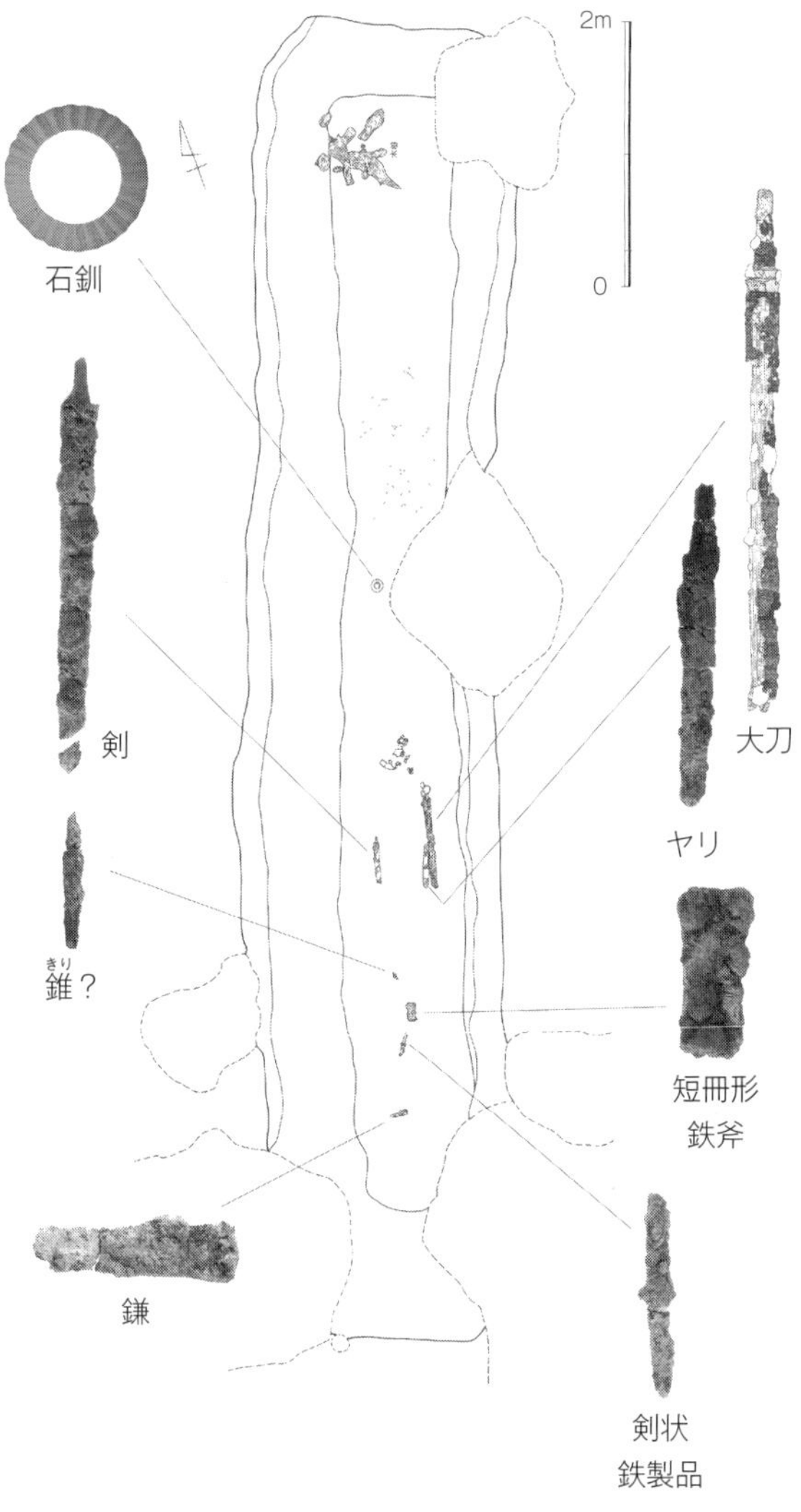

被葬者の遺体は中央部に安置されていたと考えられる。前後の空間との間に仕切りがあったかどうかは確認できなかった（郡山市教育委員会提供の図を副葬品及び説明を加工して掲載）。

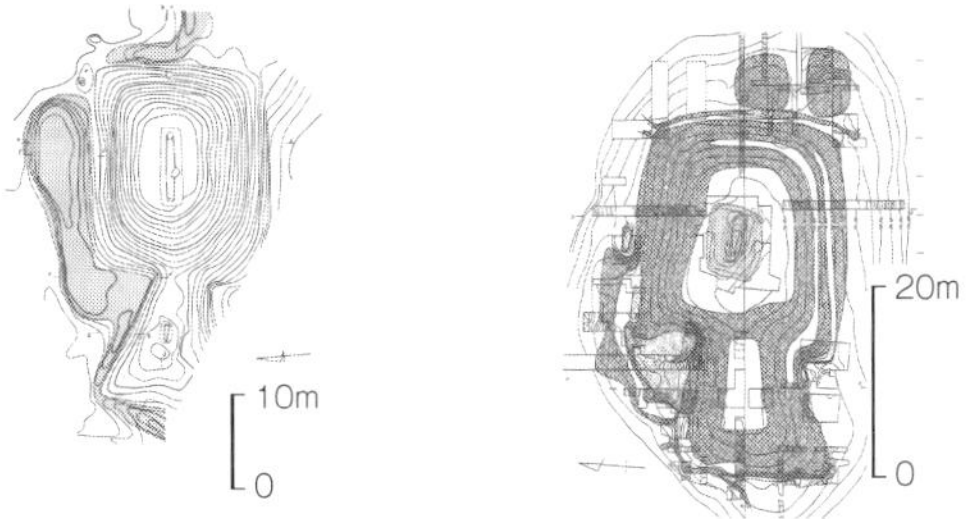

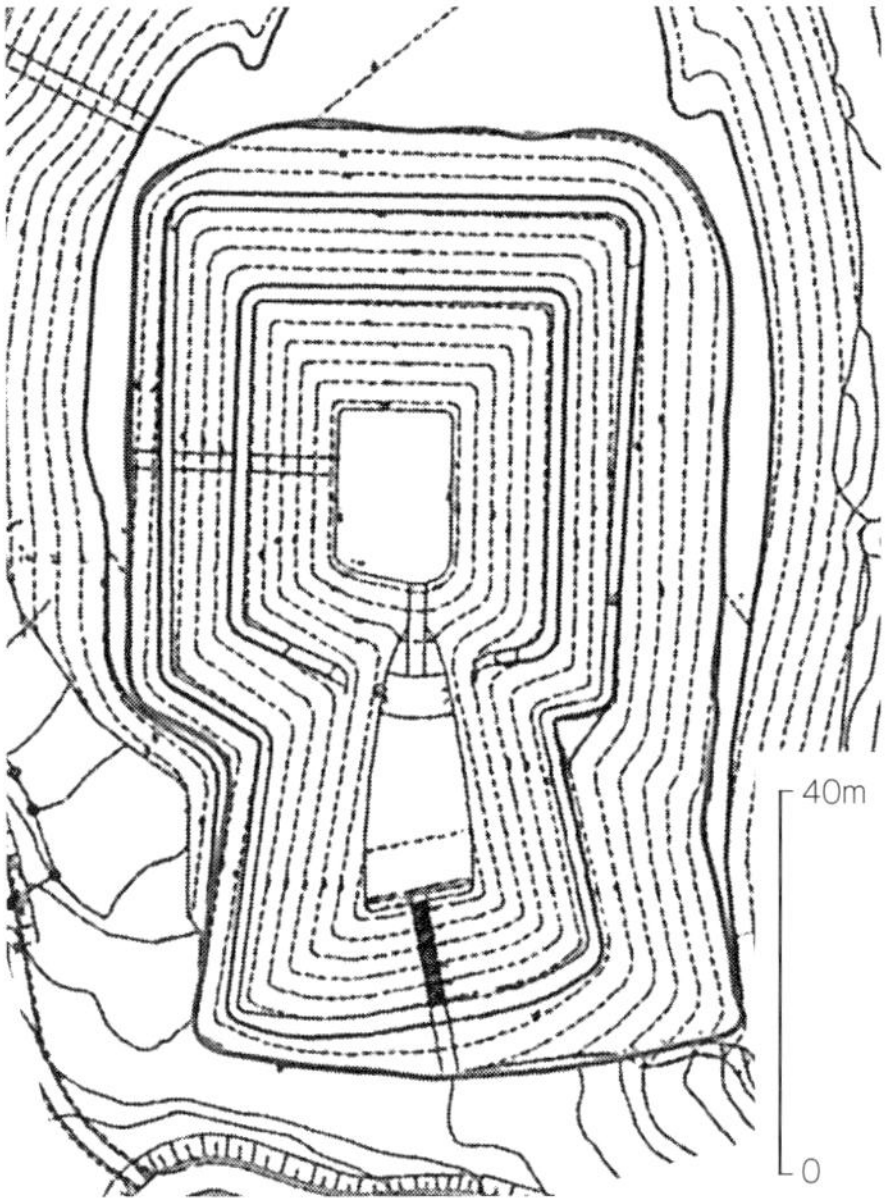

右の大安場１号墳と中央の山谷古墳、左の本屋敷１号墳は同一縮尺の墳丘測量図。大安場１号墳のスケールの大きさがわかる（右：郡山市教育委員会・中央：新潟市教育委員会・左：法政大学文学部考古学研究室、法政大学文学部考古学研究室編 1985『本屋敷古墳群の研究』）。

副葬され、女性には伴いません。また、碧玉製の腕輪のうち、男性は鍬形石《くわがたいし》をもつことが多く、女性は石釧を手首にはめています。これらの指標を当てはめると、手首の位置に石釧があり、鏃を持たない大安場1号墳の巨大木棺の主は、女性の可能性が高いと考えられます。ただし、ふもとのガイダンス施設に復元されている木棺では、南寄りの大刀・短剣・ヤリの位置に被葬者の遺体を横たえて男性であることを示しています。これも有力な一案ですが、これほどの巨大木棺に一本の鏃もないという事実は、主が男性でないことの強力な根拠となるでしょう。

　大安場1号墳が築かれたころには、北陸地方の北東部から東北地方の南部にかけて、ほかにも多数の前方後方墳が営まれています。棺が調査されているのは一部ですが、同じ福島県の本《もと》屋敷《やしき》1号墳（長さ36・5メートル）、新潟県の山谷《やまや》古墳（長さ37メートル）などは、副葬品目からみて主は女性と考えられます。近畿から遠く離れたこの地域の4世紀後葉には、たくさんの女王たちが覇《は》を競いながら連合し、中でも図抜けた規模の古墳に葬られた大安場1号墳の女王が、彼女たちの盟主だったかもしれません。

古墳と文字記録はどこまで照合できるか？

埼玉《さきたま》古墳群（5～6世紀）

埼玉県行田市

稲荷山古墳の銘鉄剣

つねに学史の主役を務める古墳群です。有名な「辛亥《しんがい》」銘鉄剣《めいてっけん》を出したことだけではなく、『古事記』や『日本書紀』の文字記録と考古学の資料とをいかに擦り合わせ、古代の真実に迫っていくかという方法論を磨く舞台として、多くの研究者を引きつけています。

5世紀後半から6世紀末まで連綿《れんめん》と築かれた8基の前方後円墳と1基の円墳を主とする大型古墳群で、かつては30基を超える小古墳がともなっていたようです。「辛亥」銘鉄剣は、8基の前方後円墳のうち最初に築かれた稲荷山《いなりやま》古墳の後円部にある礫槨《れきかく》（木棺を小石で包んだ埋葬施設）から出土しました。

「辛亥の年にこれを記す」という文字のあとに、この剣の持ち主である「ヲワケコ（またはヲワケ臣《おみ》）」までの8代の名が記され、代々（あるいは代々の大王の下で）「杖刀人首《じょうとうじんしゅ》（大王直属の武人集団の長）」として仕えてきたと書かれています。「辛亥年」は、４７１年とする説が有力です。続けて、「ワカタケル大王」がシキの宮にいたときに（ヲワケコが）その統治を扶《たす》けてこの刀（実際は剣）をつくらせ、奉仕の由来を記したのだ、とあります。この１１５文字の文言から、すでに5世紀に、祖先からの系譜《けいふ》認識や、「杖刀人」のような大王の統治組織があり、それが地方にも及んでいたことなどが明らかになりました。

ただし、この剣を副葬していた礫槨の主がヲワケコその人かどうかについては、議論があります。礫槨は、この長さ１２０メートルの前方後円墳の中心ではなく、その脇に造られた副次

側面から見た稲荷山古墳。ただし、前方部は復元されている（埼玉県立さきたま史跡の博物館）。

〔「辛亥」銘鉄剣〕

辛亥年七月中記乎獲居巨上祖名意富比垝其児多加利足尼其児名弖已加利獲居其児名多加披次獲居其児名多沙鬼獲居其児名半弖比

其児名加差披余其児名乎獲居巨世々為杖刀人首奉事来至今獲加多支鹵大王寺在斯鬼宮時吾左治天下令作此百練利刀記吾奉事根原也

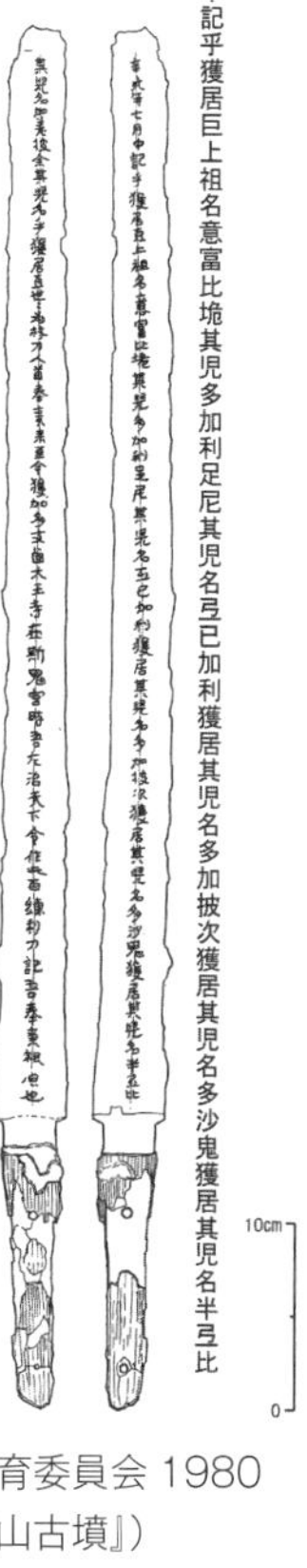

（埼玉県教育委員会 1980
『埼玉稲荷山古墳』）

（文化庁所有 埼玉県立
さきたま史跡の博物館提供）

稲荷山古墳の礫槨（埼玉県立さきたま史跡の博物館）。

的な埋葬なので、そこに眠るのは中央で大王を補佐したヲワケコのような大物ではありえず、その部下としてこの剣をもらった人物だろう、という想定があります。これに対し、先祖と大王と自分とのつながりを記した大事な剣を他人に与えるはずはなく、それとともに葬られたのはヲワケコその人だ、という考えもあります。

〔埼玉古墳群〕

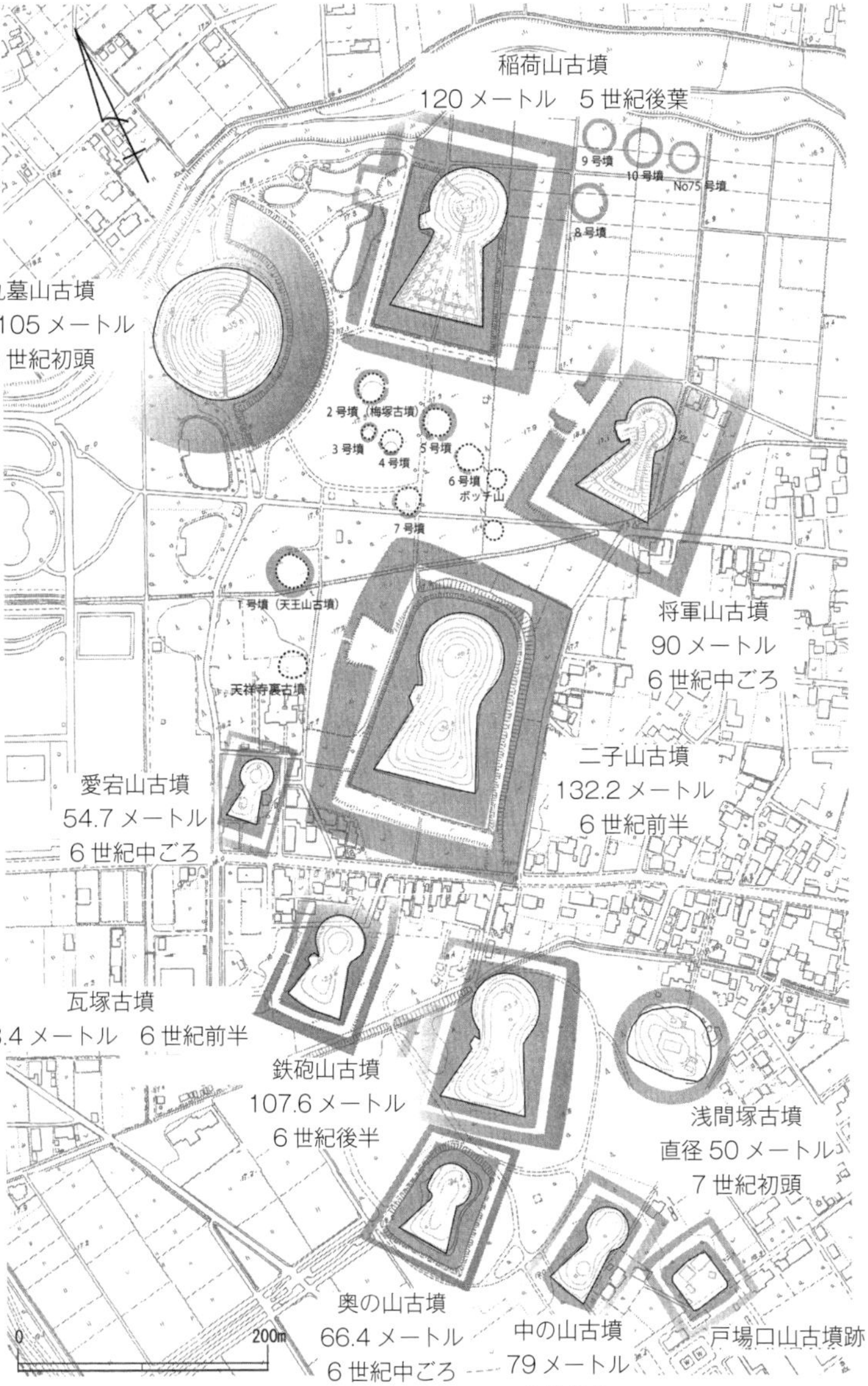

（埼玉県教育委員会 2018『史跡埼玉古墳群　総括報告書Ⅰ』の図に補記）

丸墓山《まるはかやま》古墳。国造《こくぞう》（地方の王が、大王のもとに統合されて地方官に任じられたもの）になりそこねた小杵《おき》の墓という説もある（埼玉県立さきたま史跡の博物館）。

埼玉古墳群の大型前方後円墳の中心に葬られたのは、この地を治める家筋の、代々の当主でしょう。もしかすると、ヲワケコは当主の兄弟で、若いころから大王の朝廷に出仕して出世し、故郷に退いて亡くなったときに当主（兄？）の脇に葬られたのかもしれません。

武蔵国造の反乱

埼玉古墳群を武蔵国造《むさしこくぞう》一族の墓域とみる説は、古くからありました。そうだとすると、古墳の大きさと年代からみて、稲荷山・二子山《ふたごやま》・鉄砲山《てっぽうやま》と続く大型前方後円墳3基が、その当主である国造3代の墓と考えられるでしょう。

『日本書紀』には、安閑《あんかん》大王の時代（6世紀前半）、国造の地位をめぐって同族の使主《おみ》と小杵《おき》が争い、大王の朝廷は使主を国造として小杵を殺したと記されています。関東の古墳を長年研究してきた明治大学准教授の若狭《わかさ》徹《とおる》さんは、前方後円墳の二子山が使主、円墳の丸墓山《まるはかやま》が小杵と伝えられた人物の墓だと説いています。権勢をふるいながら国造の地位を継げずに非業の死をとげた小杵は、その墓を前方後円墳にすることが許されなかった、というわけです。

こんな魅力的な説の舞台となる埼玉古墳群ですが、文字記録と考古学の資料とを安易に結びつけるべきではないとする立場の研究者もいます。また一方では、積極的に照らし合わせる努力をして、歴史の語りを豊かにしていくべきだという研究者もいます。考古学と古代史の方法をめぐる本質的な議論の焦点に、埼玉古墳群は立っているのです。

近くの見どころ

小見真観寺《おみしんかんじ》古墳・八幡山《はちまんやま》古墳

埼玉古墳群以降の武蔵の有力者の威信を示す２つの古墳です。

小見真観寺古墳（写真右）は、７世紀初めに築かれた長さ 102 メートルの前方後円墳で、後円部とくびれ部にそれぞれ横穴式石室があります。いずれも大きな板石を箱形に組んだ石室です。八幡山古墳（写真左）は、もとは直径約 80 メートルの大円墳だったと考えられますが、墳丘を失い、長さ 16.7 メートルの、副室構造をもった石室が露出しています。

陵墓の治定はどこまで正しいか？

今城塚《いましろづか》古墳

（6世紀）

大阪府高槻市

陵墓と古墳、陵墓の信ぴょう性

古墳の研究には、宮内庁による陵墓（陵は天皇・皇后・太皇太后・皇太后の葬所、墓はその他の皇族の葬所）の治定《じじょう》と、どのように折り合いをつけるかという課題があります。誰の墓なのかという文字の記録も残っていない数多くの古墳の中から、まず奈良時代に、口承《こうしょう》などに基づいて陵墓が選ばれました（律令期陵墓）。それが久しく忘れられた後、江戸時代に再び考証が始まり、それをもとに明治政府が定めた陵墓が、基本的に今日に受け継がれています（近代陵墓）。今日の陵墓は、千数百年にわたる考証と忘却の繰り返しの末の当てはめであり、もとよりその中に実在の疑わしい大王たちの墓も多く含まれるということになると、学問的によるべき根拠はほとんどありません。

太田茶臼山古墳の墳丘測量図（宮内庁）。

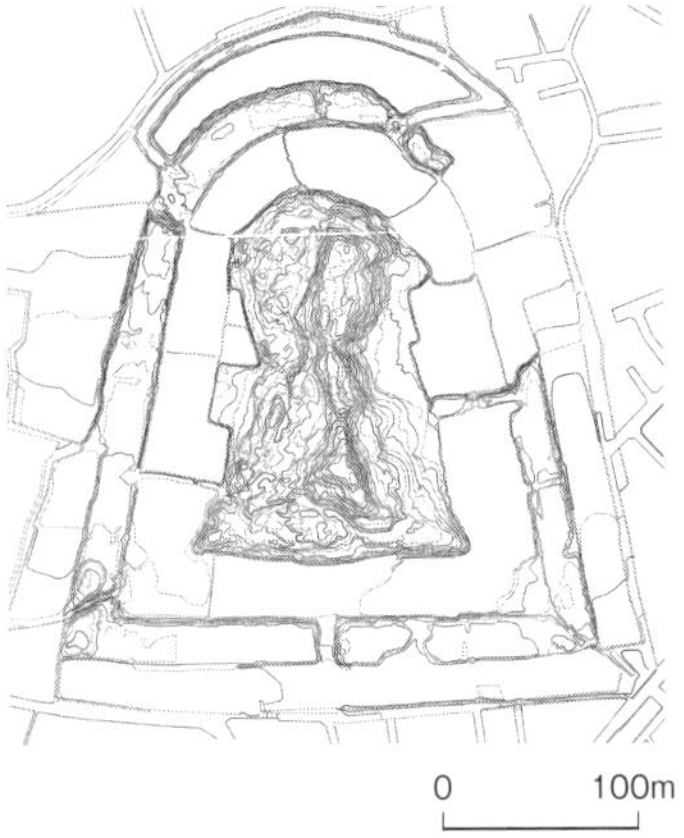

今城塚古墳の墳丘測量図（高槻市教育委員会）。

とはいえ6世紀以降、実在が確かで年代もほぼ明らかな大王が続くようになると、彼ら彼女らがどの古墳に葬られたかを確かめることには、やはり学問的な意義が出てきます。6世紀初めに新しい王権を立てたとされる継体《けいたい》大王は、その重要人物の一人です。

側面から見た今城塚古墳（上写真奥）と、周堤上の埴輪配列（上写真手前）。埴輪配列は、出土状況や破片の位置をもとに正確に復元している（高槻市教育委員会）。

現在、宮内庁が「継体天皇陵」に定めているのは、大阪府茨木市の太田茶臼山《おおだちゃうすやま》古墳（長さ226メートルの前方後円墳）です。しかし、地名の考証（継体大王の墓は、奈良時代に「三嶋《みしま》之《の》藍陵《あいのみささぎ》」「藍野陵《あいののみささぎ》」と記された）、墳形の検討、立てた埴輪の年代などから、今では高槻市の今城塚古墳が、継体大王の本当の墓だとみられています。戦後の宮内庁は、墓誌（被葬者名を記した文字）などの決定的資料がないかぎり陵墓の改定はおこなわない姿勢なので、今城塚古墳は、正真正銘の大王墓にもかかわらず、自由な立ち入りや調査ができるのです。

大王の眠るところ

地元の高槻市教育委員会による発掘調査の積み重ねによって、今城塚古墳の、大王墓ならではの威容が明らかになってきました。一つは、二重の周濠《しゅうごう》にはさまれた周堤《しゅうてい》の一部に張り出しが設けられ、そこに人物・家・各種器財・動物などからなる埴輪群が、柵を模した埴輪によって4つの区画に分けられて配列されていました。継体大王の生前の営みを表したという考えや、殯《もがり》（死から埋葬までの時間をかけて段階的におこなわれた葬送儀礼）を再現したとする意見など、解釈をめぐってさまざまな説があります。この埴輪配列は、綿密な考証をへて周堤上に復元され、実物は隣接する今城塚古代歴史館で見学できます。

墳丘は、16世紀末の慶長地震によるとみられる揺れで大きく崩れ、横穴式石室も残っていませんでしたが、それを支えていた石の基盤工や、墳丘の中にめぐらされた石組み暗渠《あんきょ》の排水溝などが見つかりました。石棺のかけらも出土し、少なくとも3基の石棺が石室にあったことがわかりました。歴史館には、これら3基の復元石棺が展示されています。

継体大王の画期性

真の継体陵であるこの今城塚古墳以降、大王

〔周堤上の埴輪配列〕

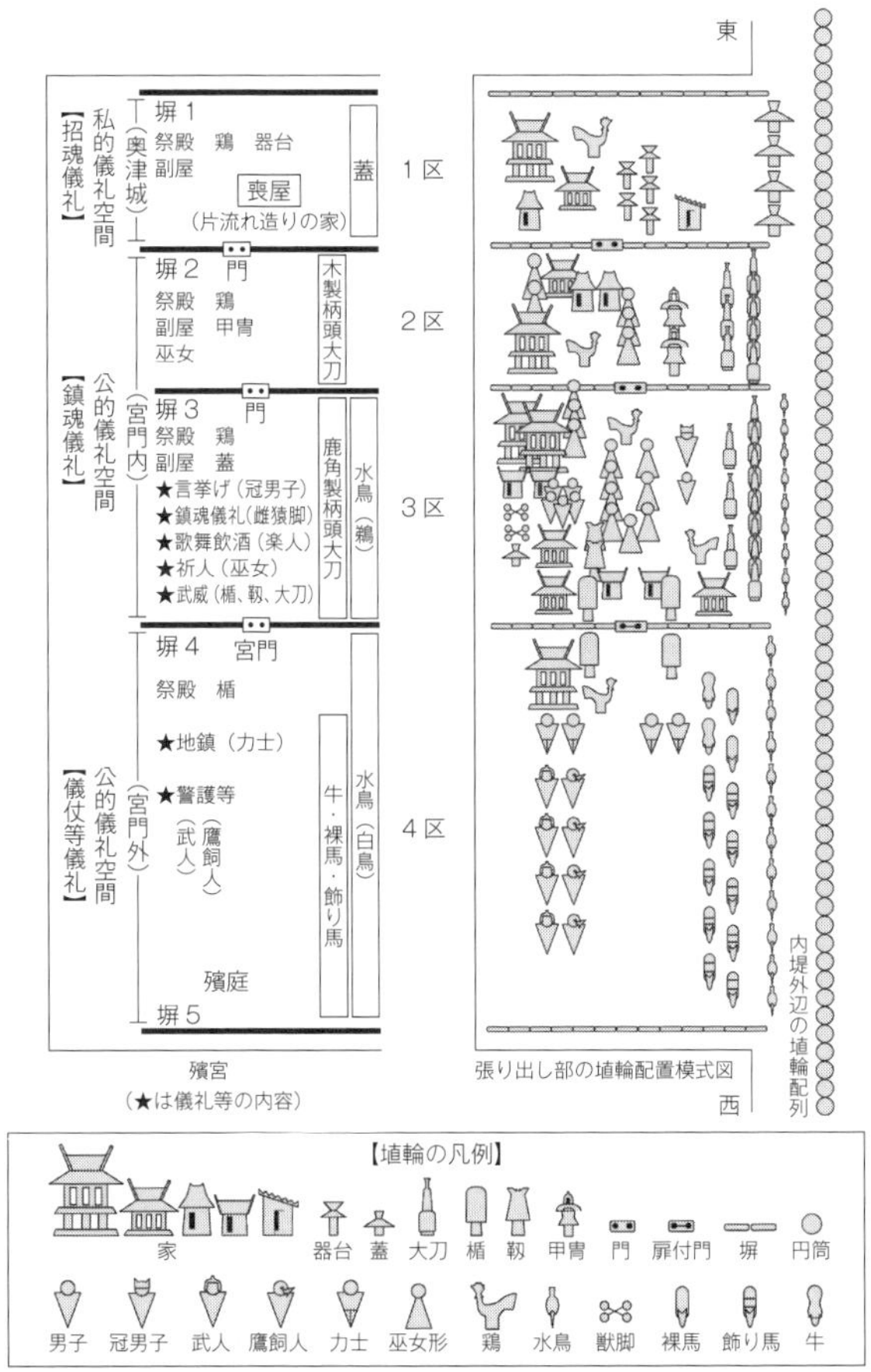

森田克行 2011『よみがえる大王墓 今城塚古墳』新泉社の図より改変。

墳丘内から見つかった石室の基盤工（高槻市教育委員会）。

墓は、古市《ふるいち》や百舌鳥《もず》のような大古墳群から独立し、単独で築かれるようになりました。大王の地位が確立し、じかに古墳の規模と形で表示されるようになったのでしょう。同じころ、今城塚とよく似た形の大型前方後円墳が、やはり単独で各地に現れます。その中には、継体の王権と対決すべく蜂起した九州の英雄・筑紫君磐井《つくしのきみいわい》の墓である可能性の高い福岡県八女《やめ》市の岩戸山《いわとやま》古墳もあります。

　これら「継体世代」の古墳は、どの地域でも、それまでの古墳とは少し離れたところに、卓越した規模で現れます。継体が立てた新しい王権のもとで、中央と地域の古い結びつきが再編されていったようすをたどることができます。

〔「継体世代」の古墳〕

前方部の幅が後円部の直径より大きく、全体が２段に造られ（ただし今城塚は後円部のみ３段とみる説あり）、後円部の上の段に横穴式石室を設ける。被葬者は推定。

今城塚古墳
被葬者：継体大王（長さ190m）

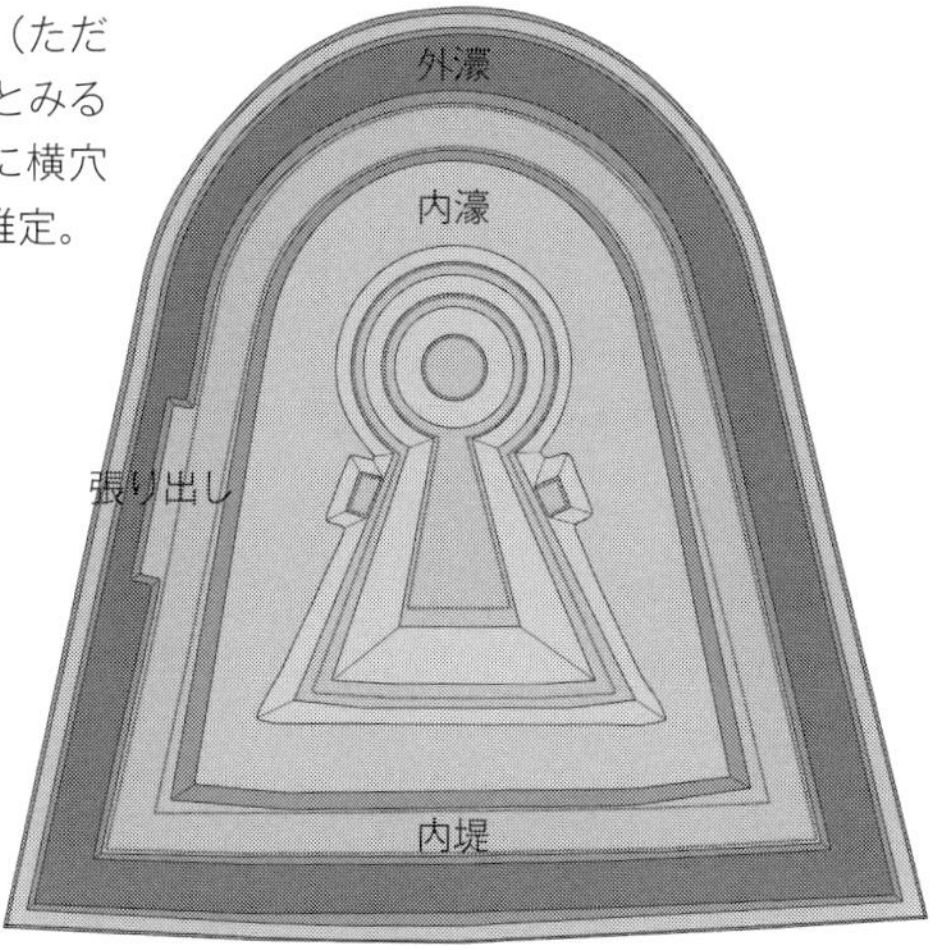

断夫山《だんぷさん》古墳（愛知県）
被葬者：尾張連草香《おわりのむらじくさか》
（継体の妃の父、長さ151m）

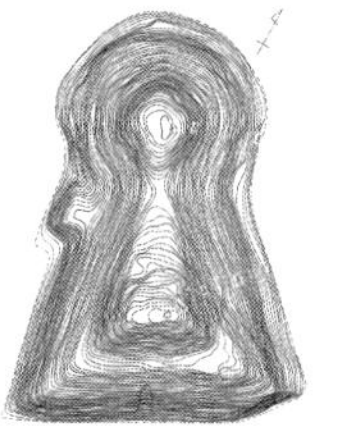

七輿山《ななこしやま》古墳（群馬県）
被葬者：上毛野君小熊《かみつけののきみおぐま》
（同時期の豪族、長さ145m）

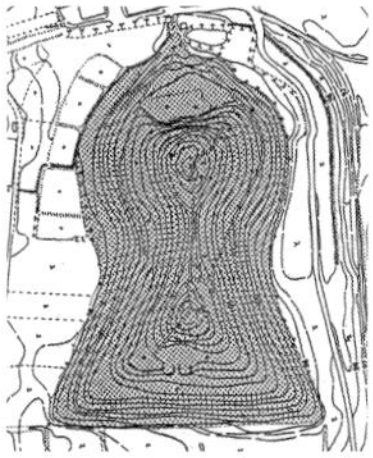

西山塚《にしやまづか》古墳（奈良県）
被葬者：手白香王女《たしらかのひめみこ》
（継体の后、長さ114m）

岩戸山古墳（福岡県）
被葬者：筑紫君磐井
（長さ135m）

近くの見どころ

太田茶臼山古墳

　宮内庁が継体天皇陵として治定している太田茶臼山古墳は、今城塚古墳の西南西約 1.5 キロメートルのところにあります。立ち入りはできませんが、水をたたえた濠の向こうに森厳な姿を見せてくれます。年代は５世紀中ごろ、継体大王の２世代ほど前の有力な人物が、ここに葬られています。継体とはどんな関係にあった人なのでしょうか。

（今城塚古墳：森田克行 2011『よみがえる大王墓 今城塚古墳』新泉社、断夫山古墳：名古屋市教育委員会、岩戸山古墳：岩戸山歴史文化交流館、西山塚古墳：奈良県立橿原考古学研究所、七輿山古墳：藤岡市教育委員会）

吉備に大王はいたか？

造山《つくりやま》古墳

（5世紀）

岡山県岡山市

立ち入りができる日本最大の古墳

造山古墳は、墳丘の長さ350メートル、全国第4位の規模をほこります。上位の古墳が軒並み陵墓に定められて立ち入りができない中、造山古墳は、長さ300メートル以上の巨大前方後円墳のうちで唯一、自由に入って歩き回れる稀有の古墳です。巨大古墳のすごさを体感したいなら、訪ねない手はありません。これほどの先史モニュメント（物理的な機能を持たない構築物）に登って見学できる例は、世界にもあまりないでしょう。

巨大前方後円墳の謎に、学術的に迫ることのできる格好の材料として、造山古墳には先端の調査技術が投入され、さまざまなことが解明されつつあります。とくに、新納泉教授（当時）を中心とした岡山大学の調査では、最新のデジタル技術と、従来の手法による発掘とを組み合わせることによって、いくつもの新しい知見が得られました。

まず、今は地表で確認できませんが、墳丘を濠が取り巻くことが明らかになりました。百舌鳥・古市古墳群の広大な水濠に比べると細くて

南側の丘から見下ろした造山古墳。

浅いものではありますが、それでもなお近畿の巨大前方後円墳と同じ様式を共有していたことになります。墳丘の形状も細部まで計測され、近畿の巨大前方後円墳と同じ設計技術で造られたことが解明されました。さらに、埴輪も百舌鳥・古市古墳群のものと形態や技術が同じで、そこから派遣された工人が、造山古墳の埴輪を製作していた可能性が高いことが、明らかになりました。

　このように、造山古墳は、吉備《きび》の有力者が近畿の大王権に対抗して築いたものというよりも、近畿の大王権による事業の一環として営まれたものと考えられます。その主は、吉備を本※《ほん》貫《がん》としながら、大王の王権の中枢メンバーとして政務をとる立場の人物だったのでしょう。

巨大古墳＝大王墓は正しいのか？

　では、造山古墳の主は、大王その人であったとは考えられないのでしょうか。現在の古墳時

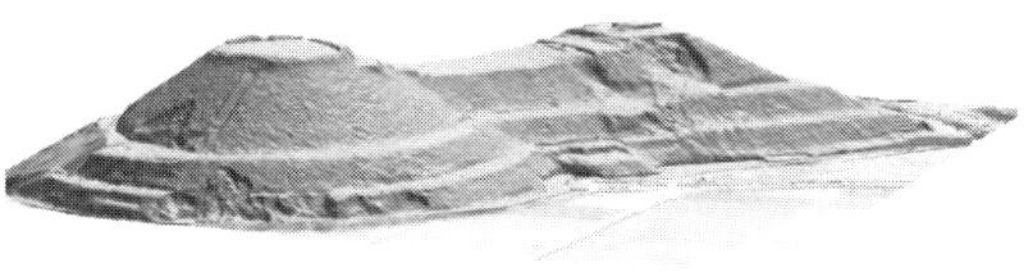

３次元デジタルＣＧで描いた造山古墳（岡山大学考古学研究室）。

〔造山古墳の測量図と周濠の想定復元〕

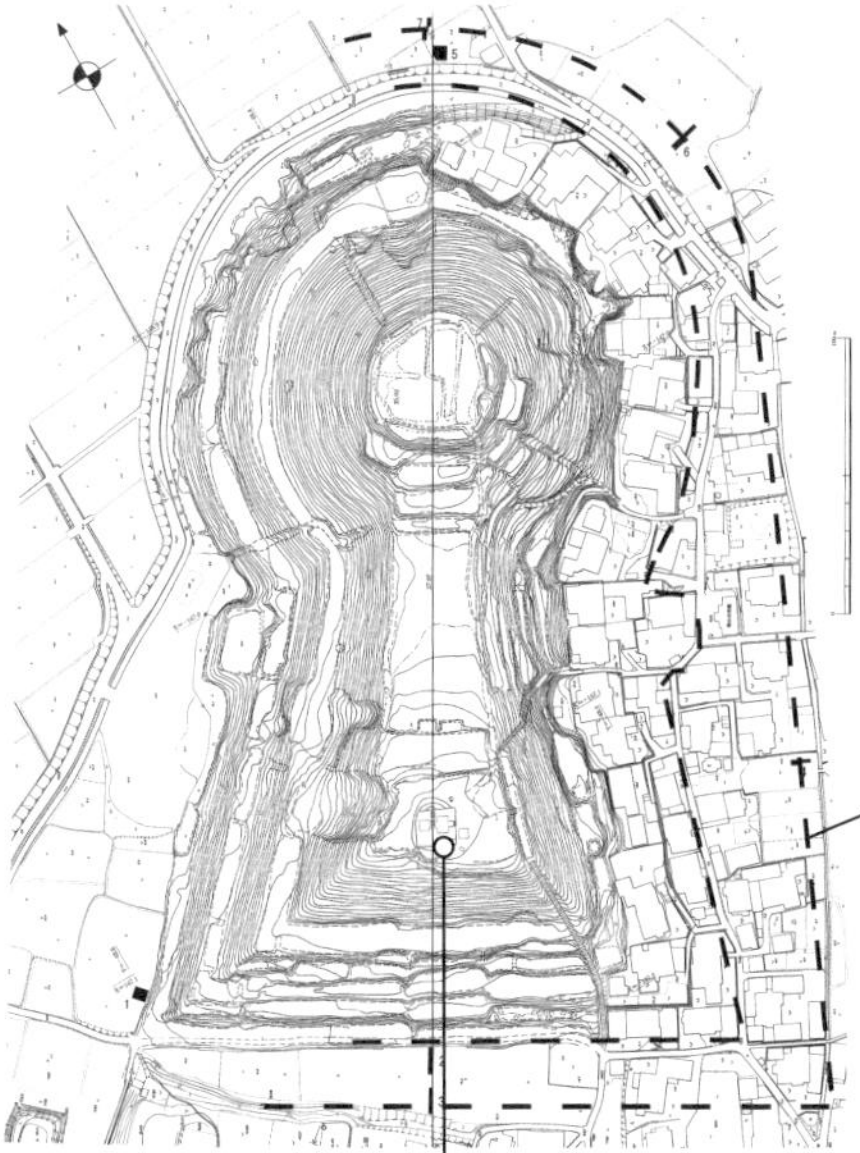

（岡山大学考古学研究室）

前方部上の石棺とその３次元デジタル実測図（岡山大学考古学研究室）。

※本拠の支配地。

代研究では、『古事記』や『日本書紀』の記述と関わりなく、世代ごとに最大規模の古墳を大王墓とする考えが有力です。そうすると、築造時最大級の規模をほこる造山古墳は大王墓になりますが、そう説く人はほとんどいません。それはやはり、代々の大王はかならず近畿から出ているという『古事記』『日本書紀』の史観から脱却できていないからです。

古墳の大きさは、全国どこでも、それを築い

〔造山古墳と周辺の古墳〕

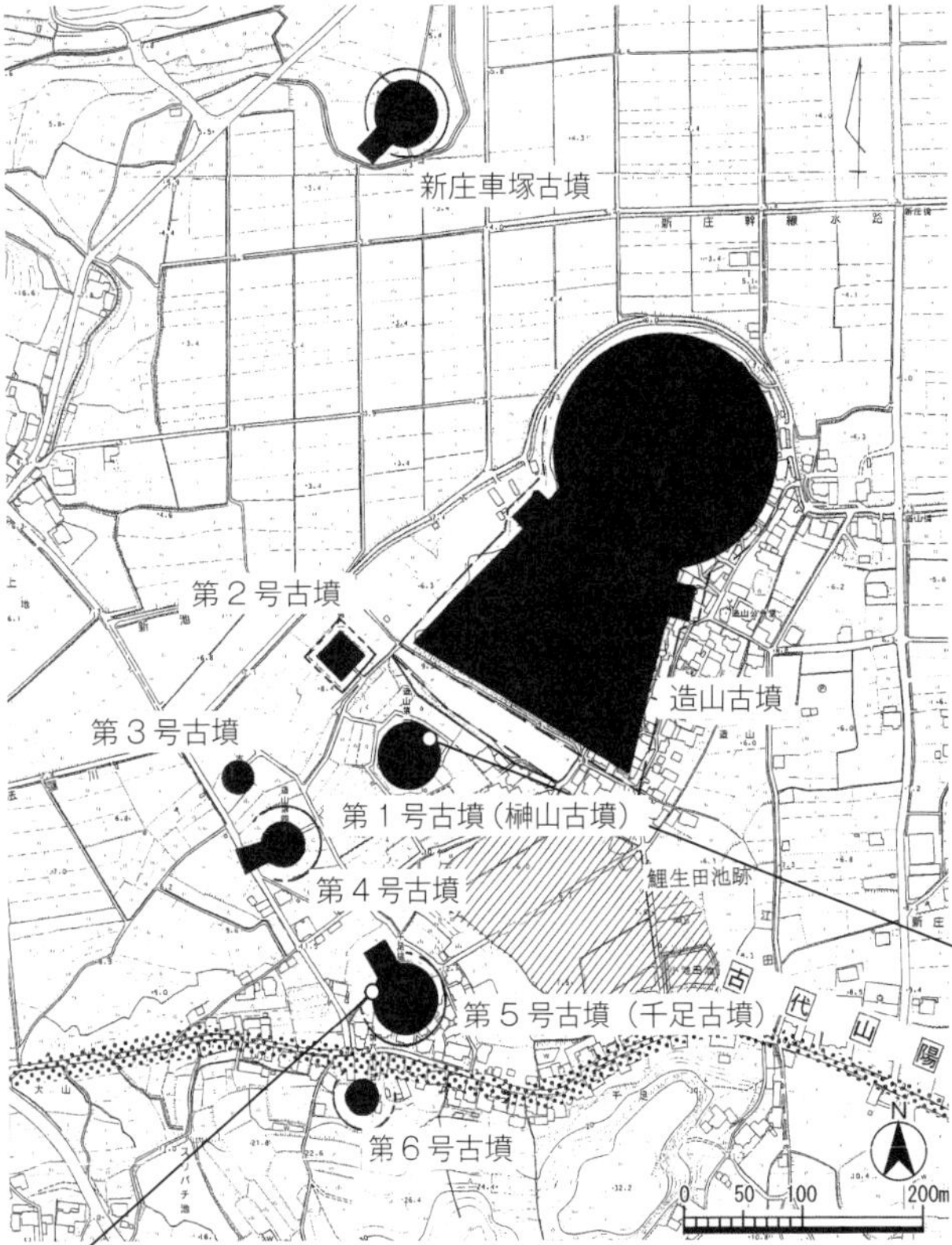

（岡山市教育委員会編2014『史跡造山古墳 第一、二、三、四、五、六号古墳保存管理計画書』）

千足《せんぞく》古墳の横穴式石室（１号石室）。石室の石障には、直弧文の装飾が施されている（岡山市教育委員会）。

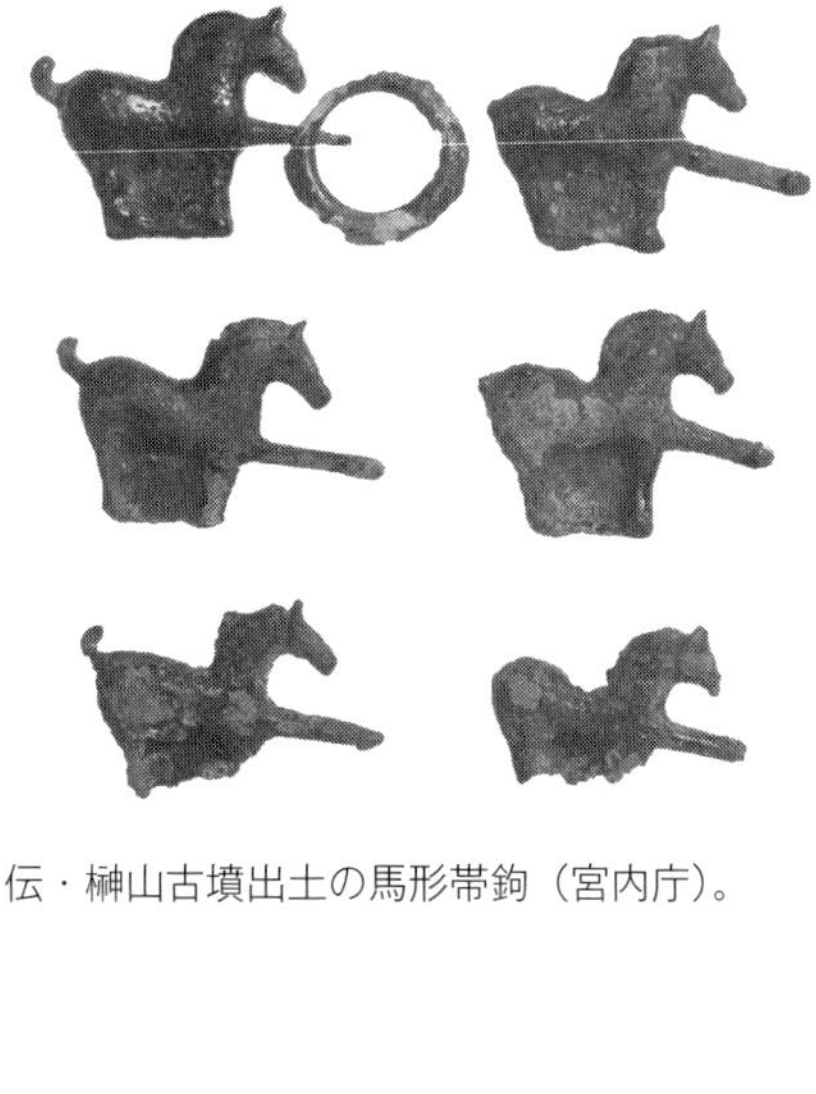

伝・榊山古墳出土の馬形帯鉤（宮内庁）。

た集団の勢力や、その集団の中での被葬者の地位を表しているもので、大王を頂点とする王権組織のしくみの反映だとは限りません。小さな古墳に葬られる人が大王になったこともあれば、大王でなくても大きな古墳に葬られた実力者もいたと考えられます。造山古墳の主もそうだったのでしょう。

造山古墳のグローバル性

造山古墳は、百舌鳥・古市の大型前方後円墳と同じように、周囲に陪塚《ばいちょう》をしたがえています。そのうちの榊山《さかきやま》古墳（直径40メートルほどの円墳？）からは、朝鮮半島からもたらされた馬形帯鉤《うまがたたいこう》（バックル）が出土したと伝えられています。また、千足《せんぞく》古墳には、九州から伝わった形式の古い横穴式石室が2基あって、そのうちの1基には、直弧文《ちょっこもん》（直線と円弧を組み合わせた古墳時代独特の文様）を彫刻したみごとな石障《せきしょう》（遺骸を横たえる個所の仕切り）があります。さらに、新庄《しんじょう》車塚《くるまづか》古墳（長さ70メートルの帆立貝形古墳、現在は消滅）、あるいは近くの三吉坈《さんきちぐろ》古墳（現在は消滅、詳細不明）から出たといわれる石棺が造山古墳の前方部上に置かれていますが、これは「阿蘇溶結凝灰岩《あそようけつぎょうかいがん》」とよばれる九州の石材でつくられています。

このように、造山古墳の主の周囲には、朝鮮半島と深くつながった人や、九州に出自をもつ人々がいて、グローバルな「地方の小朝廷」のにぎわいを見せていたと考えられます。

近くの見どころ

作山《つくりやま》古墳・こうもり塚古墳

こうもり塚古墳の横穴式石室と家形石棺。

側面からみた作山古墳。

造山の次に吉備に築かれた巨大前方後円墳は、作山古墳（長さ282メートル）です。造山よりも墳丘はよく残っていて、3段の段築がきれいです。その3世代ほどあと、6世紀後半に築かれたのがこうもり塚古墳（長さ100メートル）で、長さ19.4メートルの近畿型吉備タイプの横穴式石室の中に、家形石棺が置かれています。

古墳時代の始まりはいつか？

西谷墳墓群《にしだにふんぼぐん》（2～3世紀）

島根県出雲市

「古墳群」と呼ばない理由

出雲大社から南東に約10キロメートル、八《や》岐大蛇《またのおろち》の伝説で有名な斐伊《ひい》川にのぞむ丘の上に、「弥生《やよい》の出雲王《いずもおう》」一族が眠るとされる西谷墳墓群があります。方形の墳丘の四隅《よすみ》に登り道を付けた形の大きな四隅突出型《よすみとっしゅつがた》墳丘墓6基を中心に、美しく整備されています。

これを西谷「古墳」群といわないのは、大半が古墳時代ではなく、弥生時代後期に当たる2世紀の墓だからです。箸墓《はしはか》古墳をプロトタイプ（祖型《そけい》）とする、形の定まった前方後円墳の出現をもって古墳時代の始まりとみる通説では、これらは古墳とはよべません。

しかし、2世紀後半の山陰や瀬戸内などで特異な形に大型化したこれらの墳丘墓は、もう古墳とよぶべきではないか、という考えは古くからあります。これらが後の前方後円墳にじかにつながっていくことが明確になったいま、列島の一角に一足早く現れた「早期古墳」とよぼうという意見も、あらためて出てきました。古く

西谷３号墓（上）と、西谷３号墓四隅の登り道（左）。

からの青銅器の祭りを捨て有力な個人をリーダーと仰ぎ、彼ら彼女らが死ねば特別な棺で大型の墳丘に祀《まつ》る2世紀後半の社会は、すでに古墳時代に大きく近づいた社会でしょう。西谷墳墓群を営んだ出雲や、長さ80メートル（推定）の楯築《たてつき》墳丘墓を築いた吉備を中心に、一歩先に新たな時代に踏み出した地域が生まれたのです。

発掘された大型四隅突出型墳丘墓

西谷墳墓群でとくに大きいのは、2世紀中ごろの3号墓（方形部は40×30メートル）と、2世紀後半の9号墓（方形部は42×35メートル）です。2代にわたる出雲の最高権威者が眠ると

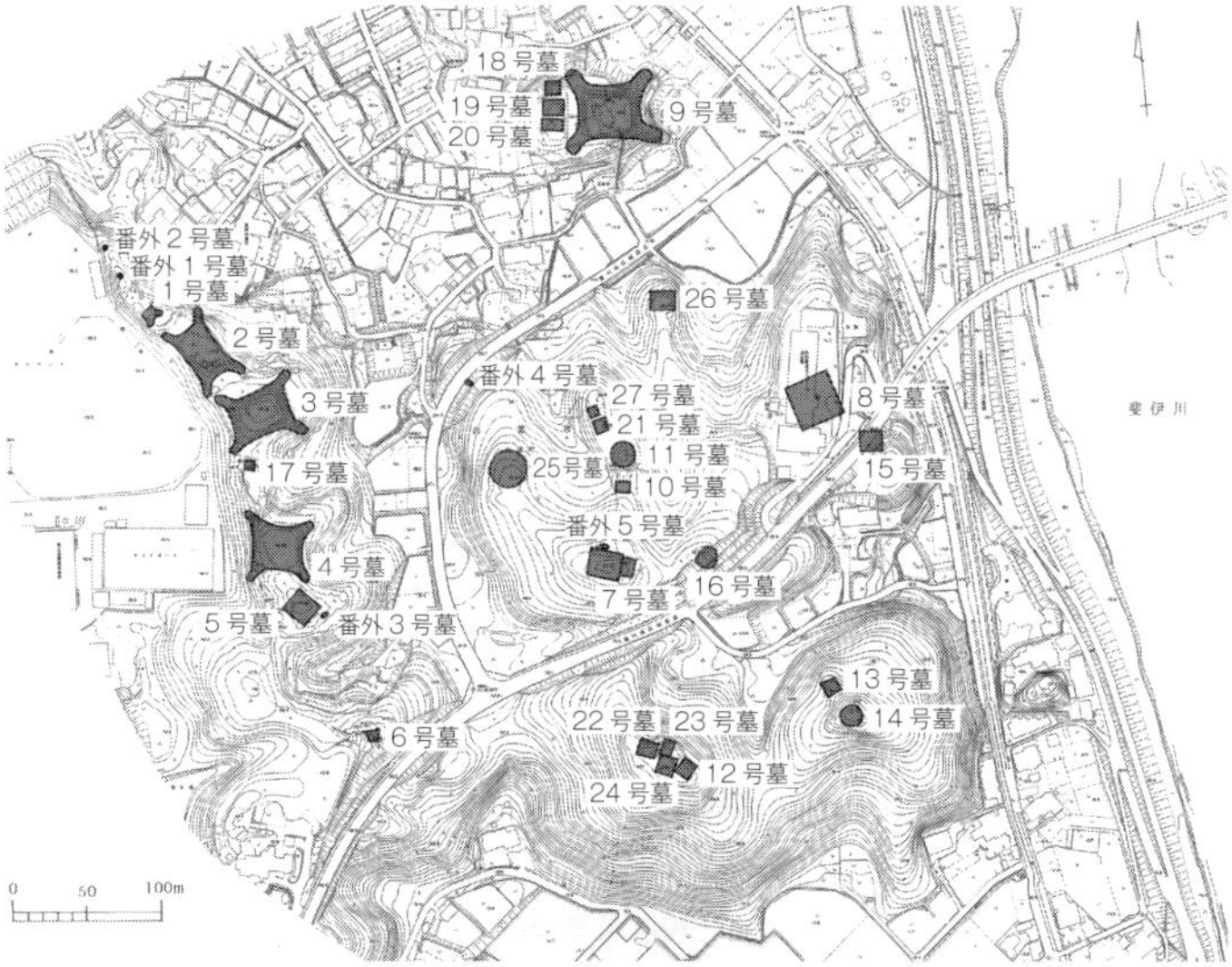

西谷墳墓群（出雲市教育委員会 2006『西谷墳墓群－平成 14 年～ 16 年度発掘調査報告書』）。

〔 2世紀の大型墳丘墓と青銅器の分布 〕

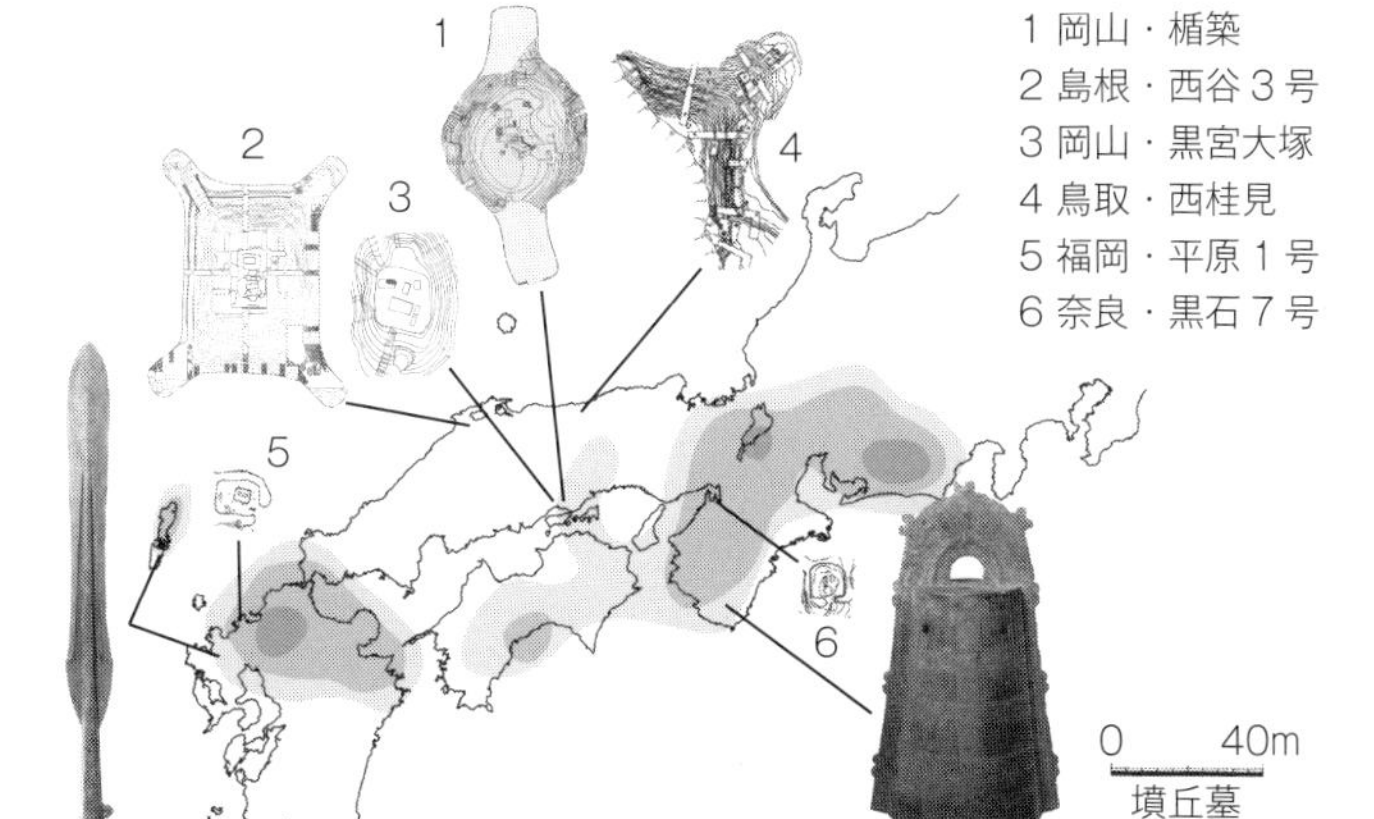

大型墳丘墓が現れる山陰・北陸と、吉備を含む瀬戸内中部では、青銅器が使われなくなっている。青銅器による祭りから墳墓による祀りへと移行したことがわかる。（銅鐸：東京大学 大学院総合文化研究科・教養学部 駒場博物館、銅矛：高知県立埋蔵文化財センター）

ころと考えられます。

　このうち3号墓は、1980年代に島根大学が発掘調査をおこないました。見つかった8基の棺のうちの2基（第1主体と第4主体）の内容が群を抜いています。第4主体は、楽浪《らくろう》（今の平壌《ピョンヤン》付近にあった漢王朝の出先機関）から伝わったといわれる木槨墓《もっかくぼ》（棺を木箱で囲った埋葬施設）で、鉄剣と多数のガラス玉を副葬し、4本柱の構築物を上に建てたあとが見つかりました。第1主体には、2つの孔《あな》を穿《うが》ったコバルトブルーのガラス勾玉《まがたま》など、珍品の玉一式が副葬されていました。第1主体が女性、第4主体が男性と考えられ、男女ペアの最高権威者が出雲に君臨していたようです。埋葬の終わりには、吉備から運んできたお供え用の器台を含む多数の土器を使った儀礼がおこなわれました。

墓による国づくり

　西谷3号墓や西谷9号墓を頂点として、四隅突出型墳丘墓は山陰と北陸に広がっています。同じ形の墓を造ることでつながりを示す有力者

〔西谷３号墓 墳丘測量図〕

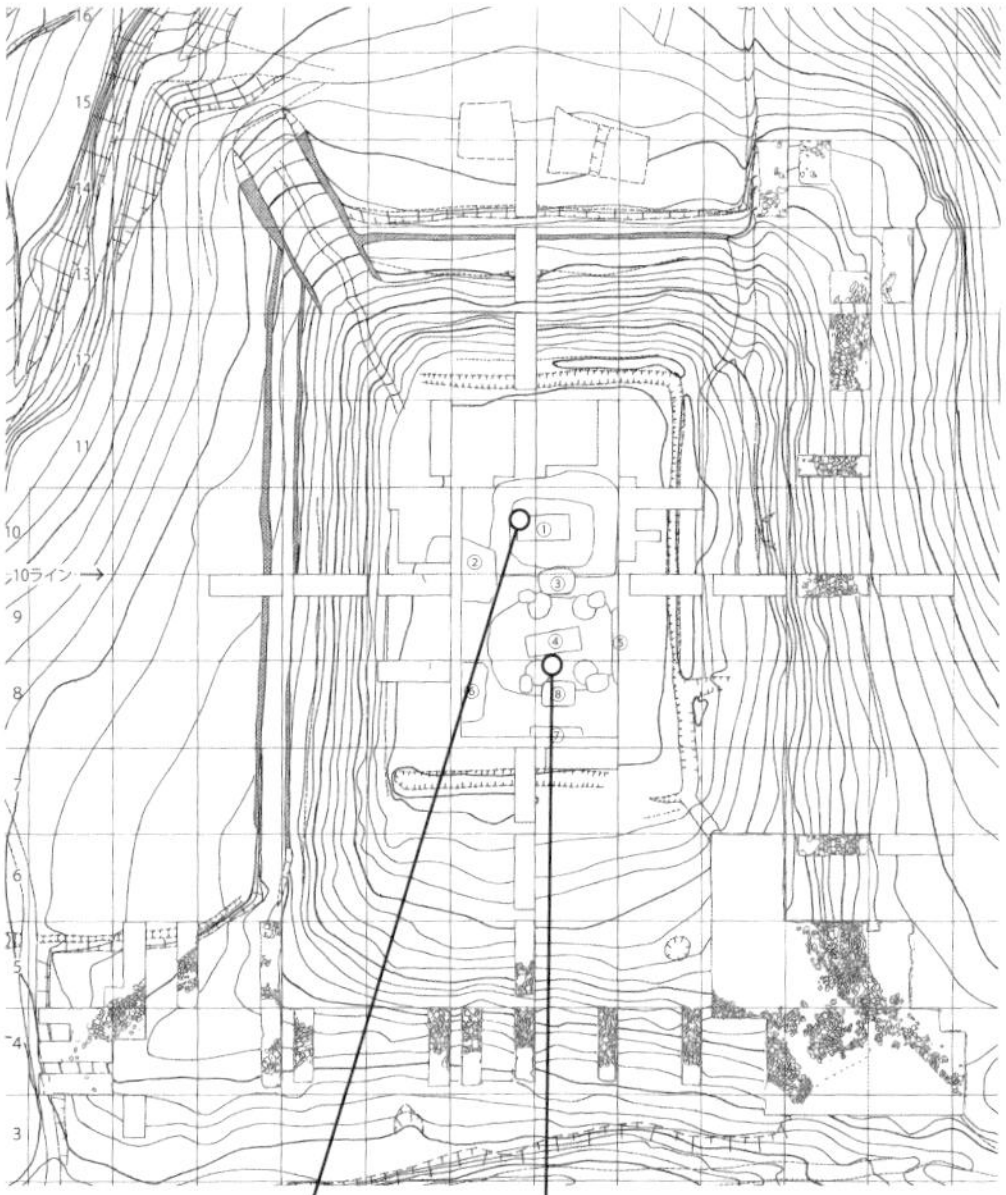

（出雲市教育委員会2006『西谷墳墓群―平成14年～16年度発掘調査報告書』）

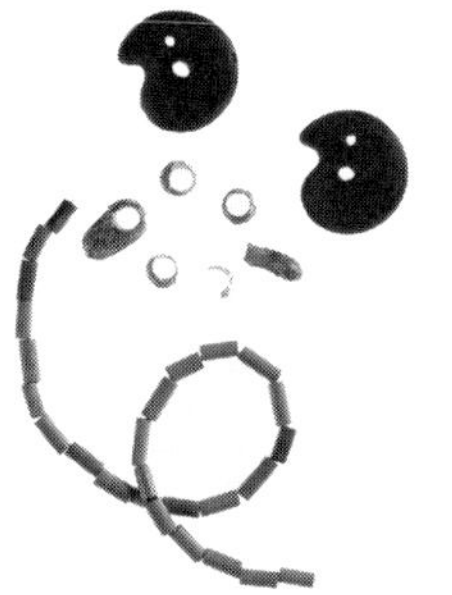

第１主体の玉類。上の２つがコバルトブルーのガラス勾玉。類例はほとんどない（島根大学考古学研究室）。

第４主体の木槨墓。床面は朱を敷き詰めて真っ赤であった。周囲に大きく丸い４本柱のあとが見える（出雲市）。

の連合が、2世紀の日本海沿岸に生まれたのです。四隅突出型墳丘墓の規模と分布からみて、西谷のある出雲西部の勢力が最大の核となり、※中海《なかうみ》に面した出雲東部の勢力が、それに次ぐ核をつくっていたようです。このような、政治や社会の関係を墓によって示すという国づくりの方式は、古墳時代の近畿の王権よりも先に、出雲が中心となって生み出したと考えられるでしょう。

3世紀中ごろ、近畿を中心に前方後円墳が全土的な展開をみせ始めると、四隅突出型墳丘墓は姿を消していきました。墓による国づくりの方式を、出雲は大和に譲ったかのようです。こののち出雲には前方後円墳がすぐには根付かず、4世紀までの間は、四隅突出型墳丘墓の面影を残した長方形の大型古墳に、東部を中心とした出雲の有力者たちは葬られました。

出雲の四隅突出型墳丘墓の分布と有力者の勢力図（島根県立古代出雲歴史博物館 2007『弥生王墓誕生 - 出雲に王が出現したとき -』をもとに作図）。

近くの見どころ

今市大念寺《いまいちだいねんじ》古墳・上塩冶築山《かみえんやつきやま》古墳

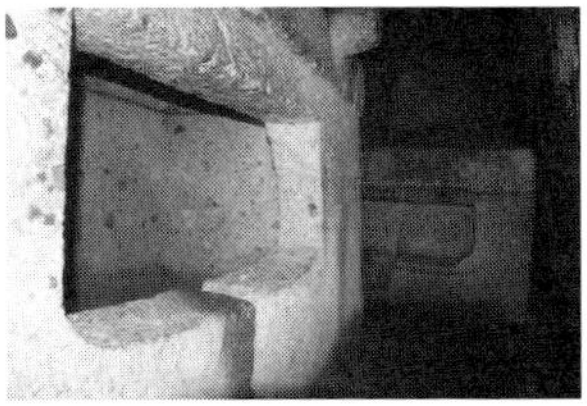

上塩冶築山古墳の２つの家形石棺。

今市大念寺古墳の横穴式石室と巨大な家形石棺。

西谷の最高権威者の、約400年後の後継者が葬られたと考えられる２つの大型古墳です。今市大念寺古墳は、6世紀後半に築かれた長さ92メートルの前方後円墳で、12.8メートルの長さをほこる副室構造の横穴式石室の中に、横口を開けた巨大な家形石棺があります。上塩冶築山古墳は6世紀末に築かれた直径46メートルの円墳で、長さ14.6メートルの切石積み石室の中に、横口を開けた家形石棺２基が置かれています。石棺に横口を開けるのは出雲西部の特徴で、近畿とは異なる独自の葬送儀礼をおこなっていたようです。

※島根県北東部の島根半島と、鳥取県北西部の弓ヶ浜に囲まれた潟湖《せきこ》。

古墳時代人は何を考えていたか？

竹原《たけはら》古墳

（6世紀）

福岡県宮若市

政争に敗れて得た九州古墳文化の粋

6世紀の九州北部は、激動のときを迎えていました。近畿の王権が力を伸ばして、土地を蚕《さん》食《しょく》し、労働力を奪おうと圧力をかけてきます。危機感を抱いた九州の有力者たちは筑紫《つくし》（今の福岡県一帯）の英主《えいしゅ》・磐井《いわい》を頭目として立ち上がりましたが、継体大王が差し向けた軍に鎮圧され、磐井は殺されました（磐井の乱）。これを節目に、九州勢力の古墳をにぎやかに飾った各種の石製品（59ページ・岩戸山古墳）は影をひそめ、代わりに暗い横穴式石室の中にさまざまな絵を描くという、隠微《いんび》な文化を花咲かせていきます。

そのもっとも優れた遺産の一つである竹原古墳は、直径17・5メートルの円墳に長さ6・7メートルの副室構造の九州型横穴式石室が納まった、あまり大きくない古墳ですが、強烈なインパクトをもった赤と黒の彩色画が奥壁に描かれています。前室の手前に設けられた観察施設から、その実物をガラス越しに見ることができます。また、前室と奥壁とを区切る両側の袖《そで》石《いし》にも、絵が認められます。

壁画は馬か竜か？

奥壁の壁画でまず目に飛び込むのは、両側に一本ずつ立つ雪洞《ぼんぼり》に似た置物です。これは翳《さしば》とよばれる、長い柄のついた団扇《うちわ》のようなもので、貴人の顔や居所《いどころ》をかくす道具でした。これを写した埴輪があります。

2本の翳の間にはさまれた左の方には、※冠帽《かんぼう》をかぶった人物が馬の口をとっていて、その下

※冠帽：帽子形の冠《かんむり》。

横穴式石室奥壁の壁画（宮若市教育委員会）。

〔 横穴式石室の実測図 〕

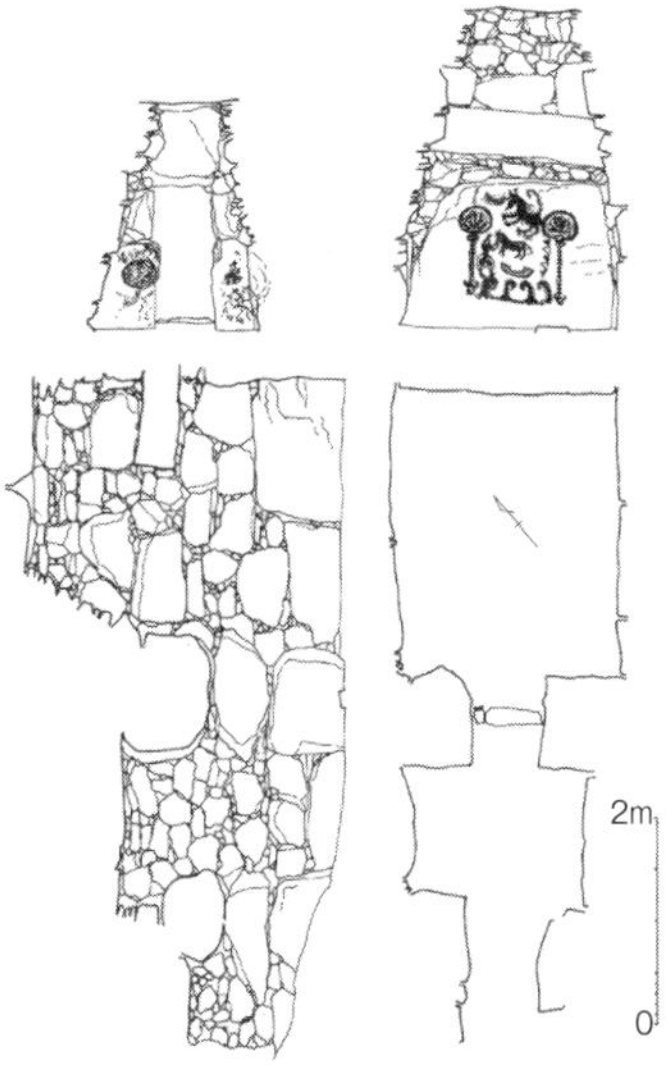

（出典：森貞次郎 1968『竹原古墳』中央公論美術出版）

には前後が割れた形の船が描かれています。丸木の船体に上部構造物を組み上げた「準《じゅん》構《こう》造《ぞう》船《せん》」で、埴輪にも写されています。船の下の4つの波がしらは、海の表現でしょう。海を渡ってきた船から人物が馬を降ろしている場面か、あるいは逆に、馬を船に乗せて海に送り出そうとしている場面だと解釈できます。

奥壁の壁画の見取り図（森貞次郎 1983『九州の古代文化』六興出版の図を一部拡大・改変）。

埼玉県生出塚《おいねづか》埴輪窯跡出土の翳形埴輪（鴻巣市教育委員会）。

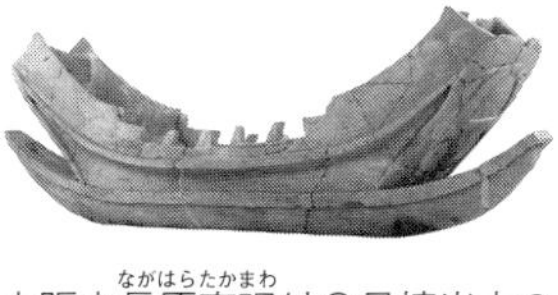

大阪府長原高廻《ながはらたかまわ》り２号墳出土の船形埴輪（大阪市文化財協会・国指定重要文化財）。

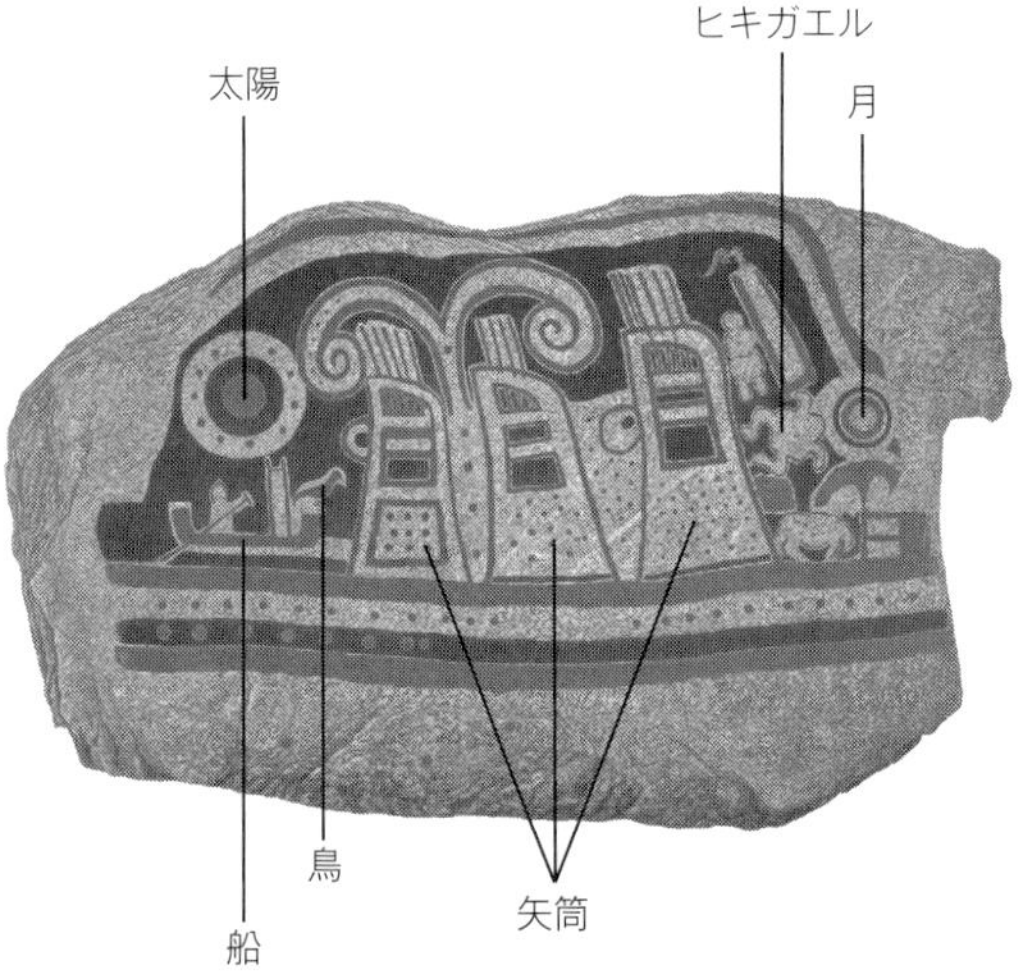

死出の船旅を描いた珍敷塚古墳の壁画。日下八光《くさかはっこう》氏による復元模写（国立歴史民俗博物館）。

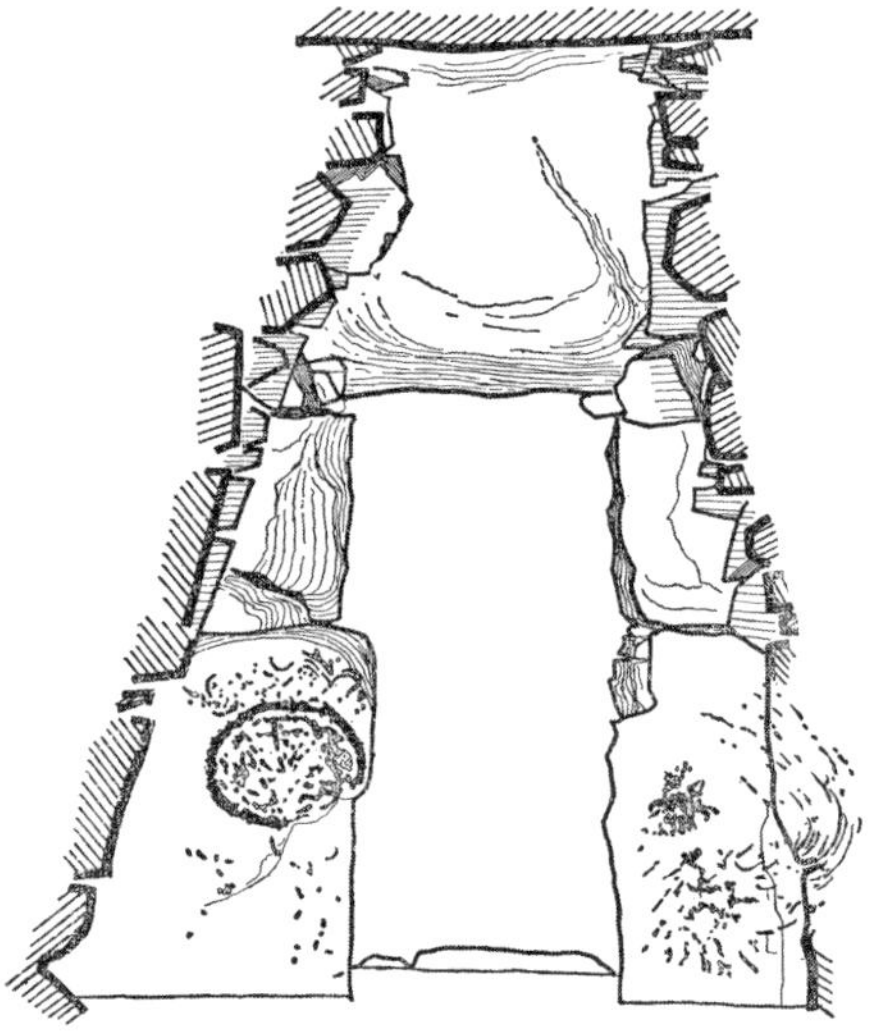

袖石の壁画の見取り図。左側の袖石に玄武が、右側の袖石に朱雀が描かれているように見える（森貞次郎 1983『九州の古代文化』六興出版の図を一部拡大・改変）

その上に不気味な姿が描かれています。4本の足を踏ん張り、口を開け、角（耳）を逆立てた動物で、身体は黒地で赤い斑紋があります。これが馬か竜か、意見が分かれます。

竜の場合も2つの解釈があります。一つは、「牝馬《めすうま》を水辺に連れていき、竜と交わらせて強い馬を生ませる」という中国の伝説（竜媒《りゅうばい》伝説）の表現とするもので、下に描かれた馬が、水辺に連れ出された牝馬ということになります。もう一つは、この竜を、中国神話の四神の一つ「青《せい》龍《りゅう》」とみるものです。青龍は東の守りで、描かれた奥壁の位置は石室全体の東北隅に当たりますから、矛盾はありません。奥室と前室との境の袖石の絵が、それぞれ玄武《げんぶ》（北の守り）と朱《す》雀《ざく》（南の守り）に見えることからも、青龍説は有力でしょう。いずれにしても、竹原古墳の壁画には中国思想の強い影響が認められます。

死出の航海を描いた壁画

船は、九州北部のこの時期の古墳壁画にはたくさん出てきます。竹原のように馬が乗っているものもあります。しかし多いのは、箱状のも

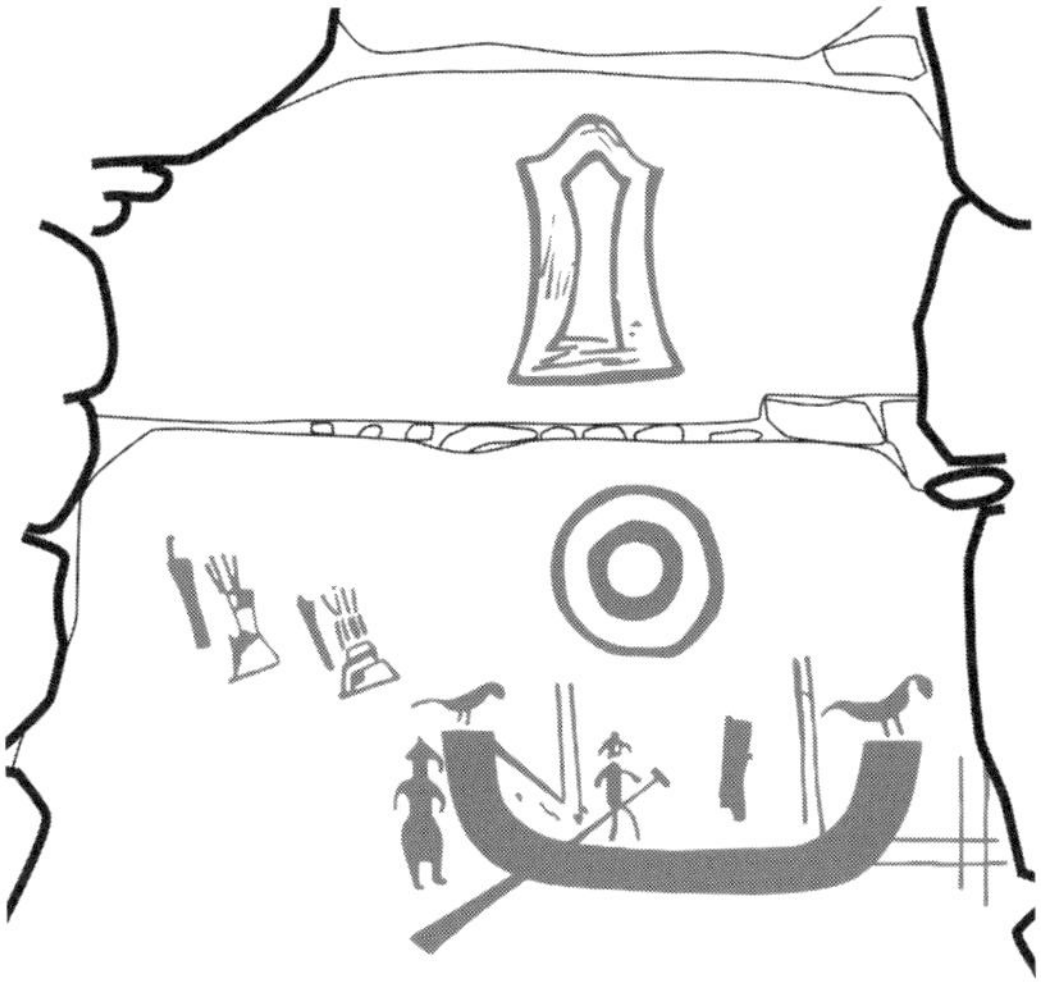

福岡県鳥船塚古墳の死出の船旅を描いた壁画（うきは市教育委員会）。

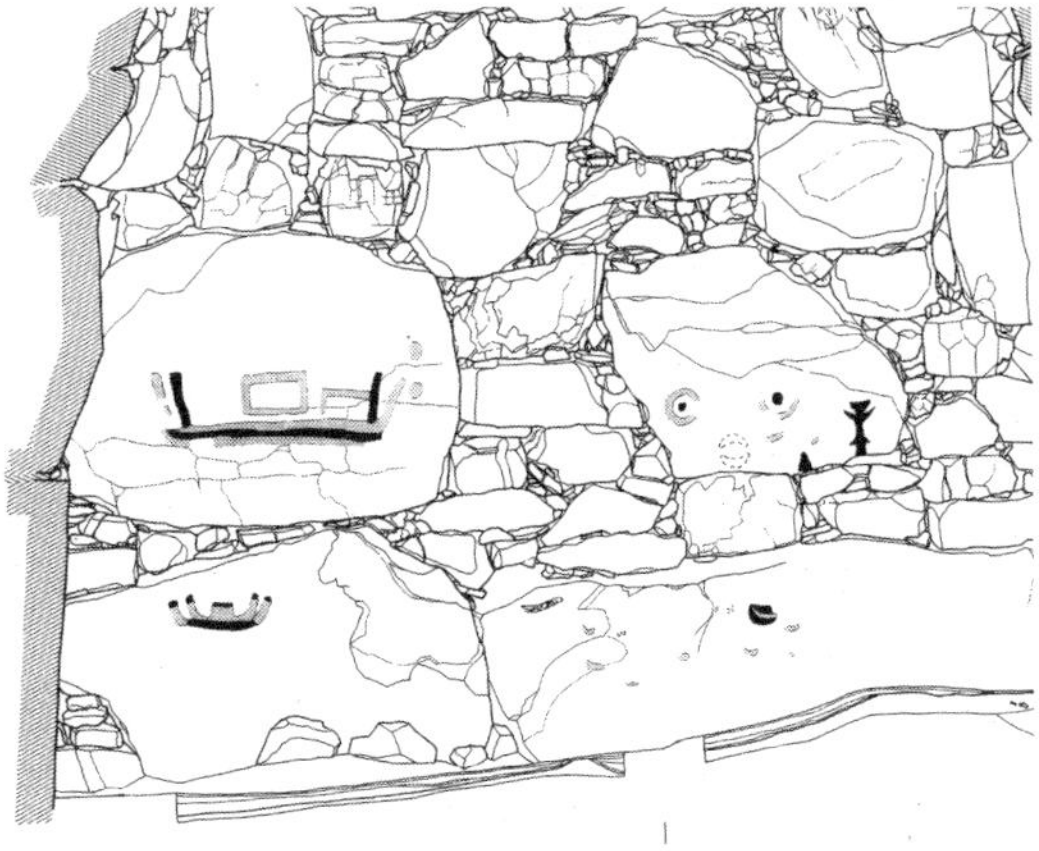

福岡県五郎山《ごろうやま》古墳の棺（?）を乗せた船を描いた壁画実測図（筑紫野市歴史博物館）。

のを横たえたり立てたりして船に積んでいる表現です。これを、亡き主の遺骸を収めた棺とみる意見が有力です。

福岡県うきは市の珍敷塚《めずらしづか》古墳の奥壁には、太陽が輝くところから、月とヒキガエルがいるところに向かって漕ぎ出す船が描かれています。太陽は昼またはこの世、月とヒキガエルは夜またはあの世の象徴でしょう。死出の航海を、船の舳先《へさき》にとまった鳥が導き、武具の矢筒が護っています。

同じ主題の絵は、九州北部の古墳壁画にしばしばみられます。うきは市の鳥船塚《とりふねづか》古墳の奥壁には、太陽のもと、鳥の先導で漕ぎ出した船を、大きく描かれた武具の楯が護っているようすが描かれていました。

船・武具（矢筒・楯）とも、しばしば埴輪に写されて、伝統的な古墳の祀りを演出してきた器財です。それらをモチーフに描かれた死出の航海という観念は、日本列島の葬送儀礼として古くから伝わっていたものでしょう。それに、新来《しんらい》の中国思想が折り重なった複雑な世界が、竹原の壁画には表現されているのです。

まだある！

全国のおすすめ古墳

総社《そうじゃ》古墳群

群馬県前橋市

「古墳の終わり」がよくわかる古墳群です。大型前方後円墳・二子山《ふたごやま》から、方墳の愛宕山《あたごやま》・宝《ほう》塔山《とうざん》・蛇穴山《じゃけつざん》に至る4基は、6世紀末から8世紀初めに墳形が前方後円から方になり、横穴式石室が巨石の※野面《のづら》積みから切石積みになり、ついには小さな空間へと縮まっていくようすをたどることができます。仏教文化の影響を受け、下辺を格狭間《こうざま》形（曲線を段状に重ねた意匠）に刳《く》り込《こ》んだ宝塔山古墳の家形石棺も必見。「前橋市総社歴史資料館」が宝塔山古墳の近くにあり、古墳群のことをわかりやすく展示しています。

宝塔山古墳の横穴式石室。

龍角寺《りゅうかくじ》古墳群

千葉県成田市・印旛郡栄町

7世紀に入ってもなお巨墳を造り続けた東国の底力と伝統を感じられる広大な古墳群で、前方後円墳37基を含む約１００基の古墳が累々と並ぶさまは圧巻です。その中にある「風土記《ふどき》の丘資料館」で、古墳群と地域の歴史に関する展示が見られます。ハイライトは古墳群の南東部にある岩屋《いわや》古墳。7世紀中ごろに築かれた大方墳で、一辺78メートルというのは、6世紀以降の方墳では近畿も含めて全国最大です。その巨体に似つかわしくない小さく整った切石積みの横穴式石室が2基、南辺に並んでいます。古墳群の東南約1キロメートルにある上福《かみふく》田岩屋《だいわや》古墳の横穴式石室は、T字形の平面をもった切石積み。関東最美の石室の一つです。

岩屋古墳。

※野面積み：自然石を使って積む。　切石積み：加工した切石を使用して積む。

蛭子山古墳群《えびすやま》・作山古墳群《つくりやま》

京都府与謝野町

4世紀に強勢をほこった丹後《たんご》（京都府北部の日本海沿岸地域）の力をいまに伝える古墳群です。蛭子山古墳（1号墳）は4世紀中ごろの前方後円墳で、墳丘の長さ145メートル。後円部・前方部とも3段に造られた本格派ですが、まだ前方部が低くて細く、古手の前方後円墳ならではのすっきりしたプロポーションが素敵です。後円部の上には、出土した舟形石棺が置かれています。隣接する作山古墳群は、4世紀後半から5世紀にかけて造られた前方後円墳1基、円墳・方墳各2基からなる古墳群です。ふもとの「古墳公園はにわ資料館」では、ここから出土した、丹後の地域色豊かな埴輪の数々が、古墳群や地域の歴史の資料とともに展示されています。

蛭子山古墳の後円部から前方部を望む。

岩橋千塚古墳群《いわせせんづか》

和歌山県和歌山市

近畿の南の要、紀《き》ノ川《かわ》流域一帯を支配していた勢力が、6世紀を中心に営んだ古墳群です。この勢力は、5世紀には北に山を越えた大阪湾南岸にいくつかの大型前方後円墳（淡輪《たんのわ》古墳群）を築いたとみられますが、6世紀には本拠のこの地に奥津城《おくつき》（墓所）を構え、築く古墳はローカルな個性をいっきに強めました。「岩橋型」とよばれる独特の横穴式石室（78・79ページ）は、紀ノ川流域で採れる結晶片岩の板石を積み上げて天井を高くし、巨石の梁や棚で重さを支える独特の構造です。ふもとの「和歌山県立紀伊風土記の丘」で、古墳群の解説と埴輪などの出土資料を見ることができます。

岩橋型石室（前山Ａ67号墳）（和歌山県立紀伊風土記の丘）。

向山《むこうやま》古墳群

鳥取県米子市

弥生時代から古墳時代へ、そして古代国家へ、という地域の歩みをたどれる場所です。弥生時代後期の1~2世紀に大集落として栄えた妻木《むき》晩田《ばんだ》遺跡のふもとの低い丘に、6世紀に9基の前方後円墳を含む17基の古墳群が営まれました。中心の一つは岩屋《いわや》古墳（1号墳、長さ52メートルの前方後円墳）で、副室構造をとる大きな石棺式石室（78・79ページ参照）が見ものです。また、石馬谷《いしうまだに》古墳（長さ61・2メートルの前方後円墳）からは、九州北部から飛び火的に伝わったとみられる馬形の石製品（石馬《いしうま》）が出ています。白鳳《はくほう》時代には、彩色壁画の発見で有名な上淀廃寺《かみよどはいじ》が建立されました。古墳群と廃寺の間にある「上淀白鳳の丘展示館」で、古墳群の情報も得られます。

４号墳を側面から見たところ（米子市教育委員会）。

石清尾山《いわせおやま》古墳群

香川県高松市

3~4世紀の前方後円墳には強い地域色がありますが、とくに鮮やかな個性をもつ「讃岐型《さぬきがた》前方後円墳」が集まった古墳群です。「讃岐型」は東海大学教授の北條芳隆さんが設定した前方後円墳の地方様式で、しゃもじのような細く低い前方部、主軸に斜交しつつ東西を向いた竪穴式石室などを特徴とし、多くの場合、石を積み上げて墳丘を造る「積石塚《つみいしづか》」です。前方部が2つ付いた双方中円墳《そうほうちゅうえんふん》の形をとったり、地元で採れる石材を加工した舟形石棺をもったり、ローカルな要素がさらに加わったものがあります。前方後円墳は画一的だ、という先入観は、吹き飛ぶでしょう。ふもとの「高松市歴史資料館」で、古墳群に関する展示を見ることができます。

石清尾山古墳群中の石船塚古墳。

チブサン古墳

熊本県山鹿市

先に紹介した王塚古墳・竹原古墳と並ぶ、九州の古墳壁画の最高傑作の一つです。墳丘は長さ55メートル以上の前方後円墳で、全長6メートルを測る副室構造の横穴式石室があります。玄室は、小さな石材をドーム状に積んだ「肥後型」とよばれるもので、奥壁に沿ってしつらえた石屋形《いしやかた》（板石で遺骸を囲う施設）を中心に、赤・白・黒の3色で、菱形・三角形・円形などの抽象的な幾何学文《きかがくもん》を描いています。中央に2つ並ぶ同心円はとくに目立ち、乳房のように見えることで、この古墳の名の由来となりました。

チブサン古墳の石屋形（山鹿市教育委員会）。

石屋形の右側壁の奥のほうに、頭に3つの突起がある不思議な人物像が描かれています。近くの「山鹿市立博物館」で事前予約をすれば、壁画をじかに見ることができます。

西都原《さいとばる》古墳群

宮崎県西都市

4世紀から7世紀まで営まれた九州最大の古墳群で、31基の前方後円墳を含む300基以上の古墳からなります。前方部の細い4世紀の前方後円墳、巨大化した5世紀の前方後円墳（女《め》狭穂塚《さほづか》、長さ176メートル、陵墓参考地・37ページ）、横穴式石室をもつ大型円墳（鬼《おに》の窟《いわや》古墳、直径37メートルで外堤をめぐらす）のほか、南九州特有の地下式横穴墓(44ページ)まで、まるで古墳の博物館です。近畿地方にもあまりない規模と継続性をもったこれほどの大古墳群がなぜ遠く離れたこの場所にあるのか、興味はつきません。そばに設けられた「宮崎県立西都原考古博物館」は、この古墳群のみならず古墳時代のことが広くわかる、全国でも屈指の考古系博物館です。

日本遺産に指定された西都原古墳群（西都市歴史民俗資料館）。

古墳群	古墳名	所在地	頁	墳丘への立ち入り	石室の見学	おもな関連施設
蛭子山古墳群	蛭子山古墳	京都府与謝郡与謝野町	p113	○	×（石棺は可）	古墳公園はにわ資料館
百舌鳥古墳群	大山古墳	大阪府堺市	p4、p16、p36、p52	×	×	堺市博物館
	土師ニサンザイ古墳	大阪府堺市	p20、p37	×	×	堺市博物館
古市古墳群	誉田御廟山古墳	大阪府羽曳野市	p18、p51、p59	×	×	陵南の森歴史資料室
	白髪山古墳	大阪府羽曳野市	p38	×	×	羽曳野市文化財展示室
	河内大塚山古墳	大阪府松原市	p38	×	×	
	岡ミサンザイ古墳	大阪府藤井寺市	p50	×	×	アイセル シュラ ホール
	津堂城山古墳	大阪府藤井寺市	p19、p58、p60、p67	○	×	アイセル シュラ ホール／ガイダンス棟「まほらしろやま」
	仲ツ山古墳	大阪府藤井寺市	p35、p37	×	×	アイセル シュラ ホール
三島古墳群	太田茶臼山古墳	大阪府茨木市	p99	×	×	茨木市立文化財資料館
	今城塚古墳	大阪府高槻市	p96	○	×	今城塚古代歴史館
	金山古墳	大阪府南河内郡河南町	p40	○	○	近つ飛鳥博物館
	心合寺山古墳	大阪府八尾市	p62、p64	○	×	八尾市立しおんじやま古墳学習館
	五色塚古墳	兵庫県神戸市	p6	○	×	神戸市立博物館、神戸市埋蔵文化財センター
造山古墳群	造山古墳	岡山県岡山市	p2、p36、p100	○	×	岡山市埋蔵文化財センター
	千足古墳	岡山県岡山市	p103	○	×（工事中）	岡山市埋蔵文化財センター
	こうもり塚古墳	岡山県総社市	p103	○	○	
	作山古墳	岡山県総社市	p103	○	×	
	長砂２号墳	岡山県総社市	p77	○	○	
三因古墳群		岡山県総社市	p29	○	○	総社市埋蔵文化財学習の館
長福寺裏山古墳群	仙人塚古墳	岡山県笠岡市	p73	○	○	笠岡市立郷土館
剣戸古墳群	剣戸東塚古墳	岡山県津山市	p51	×	○	
向山古墳群	岩屋古墳	鳥取県米子市	p114	○	○	上淀白鳳の丘展示館
西谷墳墓群		島根県出雲市	p104	○	×	出雲弥生の森博物館
	今市大念寺古墳	島根県出雲市	p107	○	○（要問い合わせ）	出雲弥生の森博物館
築山古墳群	上塩冶築山古墳	島根県出雲市	p107	○	○（要問い合わせ）	出雲弥生の森博物館
石清尾山古墳群		香川県高松市	p114	○	○	高松市歴史資料館
	鳥船塚古墳	福岡県うきは市	p111	×	×	うきは市立吉井歴史民俗資料館
	王塚古墳	福岡県嘉穂郡桂川町	p9	×	○（期間限定）	王塚装飾古墳館
	竹原古墳	福岡県宮若市	p108	○	○	
八女古墳群	岩戸山古墳	福岡県八女市	p59、p99	○	×	八女市岩戸山歴史文化交流館いわいの郷
西都原古墳群	鬼の窟古墳	宮崎県西都市	p115	○	○	宮崎県立西都原考古博物館
	女狭穂塚古墳	宮崎県西都市	p36	×	×	宮崎県立西都原考古博物館
	チブサン古墳	熊本県山鹿市	p115	○	○（要問い合わせ）	山鹿市立博物館

本書で紹介した古墳の見学情報

※お出かけの際は、必ず事前に最新情報をご確認ください。
※危い場所がありますので、十分ご注意ください。
※石室の見学は、入口からの柵越し・ガラス越しも含みます。

古墳群	古墳名	所在地	頁	墳丘への立ち入り	石室の見学	おもな関連施設
大安場古墳群	大安場１号墳	福島県郡山市	p88	○	×	大安場史跡公園内のガイダンス施設
	八幡観音塚古墳	群馬県高崎市	p13	○	○	観音塚考古資料館
保渡田古墳群	八幡塚古墳	群馬県高崎市	p7、p69	○	○	かみつけの里博物館
大室古墳群	中二子古墳	群馬県前橋市	p59	○	○	大室はにわ館
総社古墳群	宝塔山古墳	群馬県前橋市	p112	○	○	前橋市総社歴史資料館
	吾妻古墳	栃木県栃木市	p38	○	×	栃木県埋蔵文化財センター
埼玉古墳群	稲荷山古墳	埼玉県行田市	p85、p92	○	×	埼玉県立さきたま史跡の博物館
	丸墓山古墳	埼玉県行田市	p94	○	×	埼玉県立さきたま史跡の博物館
小見古墳群	小見真観寺古墳	埼玉県行田市	p95	○	○	
若小玉古墳群	八幡山古墳	埼玉県行田市	p95	○	○	
龍角寺古墳群	岩屋古墳	千葉県印旛郡栄町	p112	×	○	風土記の丘資料館
	金鈴塚古墳	千葉県木更津市	p13	×	○	木更津市郷土博物館金のすず
	武蔵府中熊野神社古墳	東京都府中市	p43	×	×	国史跡武蔵府中熊野神社古墳展示館
秋葉山古墳群	秋葉山１号墳	神奈川県海老名市	p56	○	×	海老名市温故館
長柄桜山古墳群	長柄桜山１号墳	神奈川県逗子市	p56	○	×	逗子市郷土資料館
埴科古墳群	森将軍塚古墳	長野県千曲市	p36	○	×	森将軍塚古墳館、長野県立歴史館
	船山１号墳	愛知県豊川市	p29	○	×	三河天平の里資料館
宝塚古墳群	宝塚１号墳	三重県松阪市	p61	○	×	松阪市文化財センター（はにわ館）
雨の宮古墳群	雨の宮１号墳	石川県鹿島郡中能登町	p36	○	×	雨の宮能登王墓の館
	須曽蝦夷穴古墳	石川県七尾市	p39	○	○	蝦夷穴歴史センター
	雪野山古墳	滋賀県東近江市	p50、p67、p80	○	×	東近江市埋蔵文化財センター
佐紀盾列古墳群	五社神古墳	奈良県奈良市	p35	×	×	
柳本古墳群	渋谷向山古墳	奈良県天理市	p34	×	×	
	黒塚古墳	奈良県天理市	p10、p73、p80	○	×	天理市立黒塚古墳展示館
	桜井茶臼山古墳	奈良県桜井市	p73	○	×	
箸中古墳群	箸墓古墳	奈良県桜井市	p32	×	×	
	文殊院西古墳	奈良県桜井市	p77	×	○	
	岩屋山古墳	奈良県高市郡明日香村	p77	○	○	
	石舞台古墳	奈良県高市郡明日香村	p8	—	○	国営飛鳥歴史公園館
	野口王墓古墳	奈良県高市郡明日香村	p49	×	×	
	鳥屋ミサンザイ古墳	奈良県橿原市	p38	×	×	
	島の山古墳	奈良県磯城郡川西町	p11	×	×	奈良県立橿原考古学研究所附属博物館
	宮山古墳	奈良県御所市	p67、p75	○	○	奈良県立橿原考古学研究所附属博物館
	藤ノ木古墳	奈良県生駒郡斑鳩町	p75	×	○	奈良県立橿原考古学研究所附属博物館
	烏土塚古墳	奈良県生駒郡平群町	p77	○	○（要問い合わせ）	
	柿塚古墳	奈良県生駒郡平群町	p77	○	○	
岩橋千塚古墳群		和歌山県和歌山市	p113	○（一部）	○（一部）	和歌山県立紀伊風土記の丘

古墳を訪ねるときのポイント

さあ、古墳へ行こう

古墳めぐりの三種の神器は、墳丘測量図、野帳、カメラです。横穴式石室にもぐるときには、加えて石室実測図、懐中電灯、フラッシュが必須。墳丘測量図や石室実測図は地元の博物館の出版物や印刷物などによくあるし、ときおりネット上でも見つかります。カメラは広角レンズがあれば、大きな墳丘や広い石室内を一カットで収められます。時期は、豪雪地帯でなければ、木の葉が落ちた晩秋から早春までが、古墳の観察に最適です。やむをえず夏に出かけるときは、防虫剤を持ち、暑くても必ず長袖で。カッパは雨の日だけでなく、湿った狭い横穴式石室にもぐり、服の汚れを気にせず自由に動き回るときに大活躍します。測量図や実測図と照合しながら、じっくり観察しましょう。気が付いた点は図に書き込みます。写真はどの古墳でも、決まった位置から撮りましょう。墳丘や石室の特徴を、あとから相互に比較するときに有効です。主な撮影ポイントを以下に示しました。

最後に、行く前には必ず、地元のネットや電話で見学可能部分をチェックしてください。古墳が私有地にある場合もしばしばですから、おことわりやあいさつは欠かさぬように。

〔主な撮影ポイント〕

石室

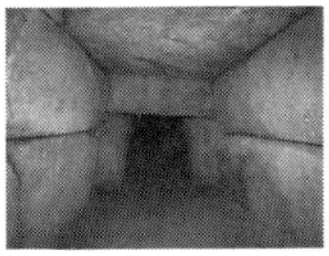

④奥壁から玄門・羨道を見る。石室の特徴がいちばんよく表れる。

⑤

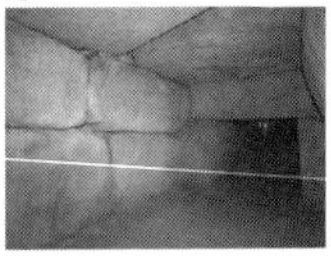

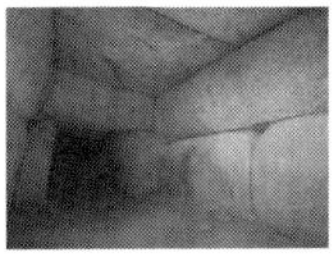

⑤奥壁左右両隅から玄門を見る。石室の雰囲気をいちばんよくとらえられる。

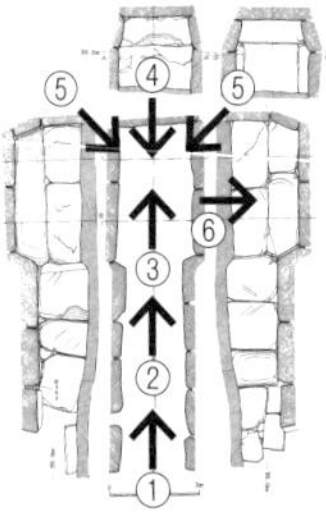

③奥壁クローズアップ。

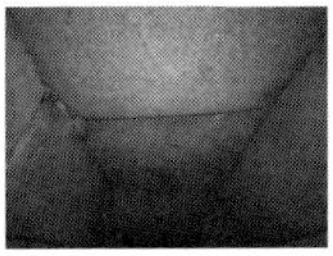

⑥天井。カッパ着用なら玄室の床に寝転がって撮る。

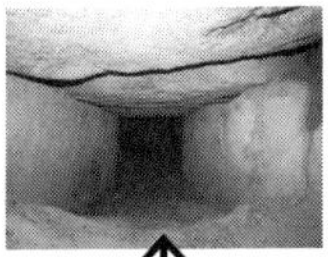

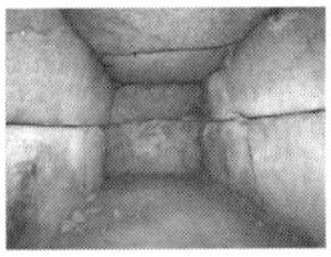

②玄門から見た玄室内正面観。

①入り口のようす(下)。横穴式石室の「顔」。一つ一つ違う。その上の写真は羨道。

モデル：奈良県峯塚古墳（天理大学歴史研究会 1992『奈良県天理市峯塚古墳・西乗鞍古墳・鑵子塚古墳測量調査報告』）

墳丘

①後円部から前方部を見る。前方部の形状は、古墳の年代と関係するのでとても大切。

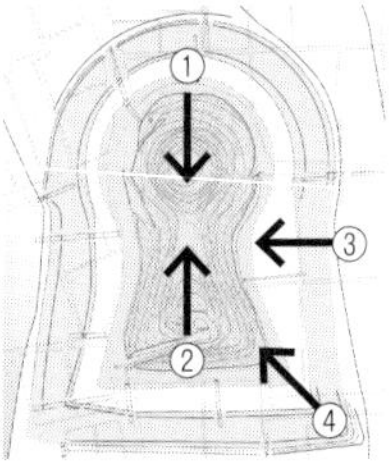

③真横から見る。ただし、障害物なしに真横から見られる古墳はまれ。

②前方部から後円部を見る。古い古墳は後円部を高く仰ぐ。新しい古墳は見下ろす。

④前方部隅角からの斜めアングル。古墳写真の定番。カッコよく特徴をとらえられる。

モデル：鹿児島県横瀬古墳（大崎町教育委員会）

参考文献

赤磐市教育委員会／2005／『両宮山古墳　赤磐市文化財調査報告第1集』赤磐市教育委員会
甘粕健・小野昭編／1993／『越後山谷古墳』新潟県巻町教育委員会・新潟大学考古学研究室
出雲考古学研究会編／1987／『石棺式石室の研究 古代の出雲を考える6』出雲考古学研究会
出雲市教育委員会編／2006／『西谷墳墓群－平成14年～16年度発掘調査報告書』出雲市教育委員会
今尾文昭／2018／『天皇陵古墳を歩く』朝日選書
大阪府立近つ飛鳥博物館編／2006／『年代のものさし―陶邑の須恵器―　大阪府立近つ飛鳥博物館図録40』大阪府立近つ飛鳥博物館
岡山県立博物館編／2012／『岡山県立博物館平成24年度特別展 邪馬台国の時代：吉野ヶ里から唐古・鍵、纒向まで』岡山県立博物館
岡山市教育委員会編／2014／『史跡造山古墳 第一、二、三、四、五、六古墳保存管理計画書』岡山市教育委員会
岡山市教育委員会文化財課・岡山市埋蔵文化財センター編／2015／『千足古墳第1～4次発掘調査報告書』岡山市教育委員会
神奈川県教育委員会・（財）かながわ考古学財団編／2001／『長柄・桜山 第1・2号墳 測量調査・範囲確認調査報告書』神奈川県教育委員会・（財）かながわ考古学財団
宮内庁書陵部陵墓課編／2014／『陵墓地形図集成［縮小版］』学生社
埼玉県立さきたま史跡の博物館編／2018／『史跡埼玉古墳群総括報告書Ⅰ』埼玉県教育委員会
財団法人郡山市埋蔵文化財発掘調査事業団編／1998／『大安場古墳群 第2次発掘調査報告』郡山市教育委員会
斎藤忠／1973／『日本装飾古墳の研究』講談社
島根大学考古学研究室・出雲弥生の森博物館編／2015／『西谷3号墓発掘調査報告書』島根大学考古学研究室・出雲弥生の森博物館
白石太一郎／1999／『古墳とヤマト政権 古代国家はいかに形成されたか』文春新書
仙台市教育委員会編／2011／『下ノ内遺跡・春日社古墳・大野田官衙遺跡ほか（仙台市文化財調査報告書第390集）』仙台市教育委員会
高橋克壽／1996／『埴輪の世紀』講談社
田中琢編／1977『日本原始美術大系 4 鐸 剣 鏡』講談社
都出比呂志編／1989／『古墳時代の王と民衆』講談社
都出比呂志／2011／『古代国家はいつ成立したか』岩波新書
勅使河原彰編／2000／『埋もれた歴史を掘る』白鳥舎
新納泉編／2012／『岡山市造山古墳群の調査概報』岡山大学大学院社会文化科学研究科
福永伸哉・杉井健編／1992／『雪野山古墳の研究』八日市市教育委員会
福本明／2007／『吉備の弥生大首長墓・楯築弥生墳丘墓（シリーズ「遺跡を学ぶ」）』新泉社
藤直幹・井上薫・北野耕平／1979／『河内における古墳の調査 大阪大学文学部国史研究室研究報告第1冊』臨川書店
藤井寺市教育委員会事務局編／1997／『西墓山古墳　古市古墳群の調査研究報告 III』藤井寺市教育委員会
藤井寺市教育委員会事務局編／2013／『津堂城山古墳 藤井寺市文化財報告第33集』藤井寺市教育委員会
藤井寺市教育委員会事務局編／2017／『古室山・大鳥塚古墳 附章 狼塚古墳 藤井寺市文化財報告第41集』藤井寺市教育委員会
法政大学文学部考古学研究室編／1985／『本屋敷古墳群の研究』法政大学文学部考古学研究室
松木武彦／2007／『旧石器・縄文・弥生・古墳時代 列島創世記（全集 日本の歴史 1）』小学館
松木武彦／2011／『古墳とはなにか 認知考古学からみる古代』角川選書
松木武彦／2013／『未盗掘古墳と天皇陵古墳』小学館
松木武彦監修／2014／『楽しい古墳案内（別冊太陽 太陽の地図帖 23）』平凡社
森浩一／2011／『天皇陵古墳への招待』筑摩選書
森田克行／2011／『よみがえる大王墓 今城塚古墳』新泉社
八尾市社会教育部文化財課編／1996／『史跡 心合寺山古墳基礎発掘調査報告書（八尾市文化財調査報告35）』八尾市教育委員会
横山浩一・鈴木嘉吉・辻惟雄・青柳正規編著／1994『日本美術全集 第1巻 原始の造形 縄文・弥生・古墳時代の美術』講談社

写真・図版協力

37ページ「大山古墳とその周辺の古墳」：独立行政法人日本学術振興会 平成17～19年度科学研究費補助金〔基盤研究（A）〕『近畿地方における大型古墳群の基礎的研究』（研究代表者　白石太一郎）による研究成果報告書
83ページ「古墳の編年」：アジア航測株式会社、奈良県立橿原考古学研究所、百舌鳥・古市古墳群世界文化遺産登録推進本部会議、宮内庁、奈良県立橿原考古学研究所附属博物館、京都大学大学院文学研究科考古学研究室、埼玉県立さきたま史跡の博物館、島根県古代文化センター
85ページ「須恵器の坏の変化」：大阪府教育委員会、公益財団法人大阪府文化財センター、堺市博物館所蔵。大阪府立近つ飛鳥博物館提供（大阪府立近つ飛鳥博物館2006『年代のものさし―陶邑の須恵器―』より）
86ページ：奈良県立橿原考古学研究所附属博物館提供、財団法人大阪府文化財調査研究センター1998『河内平野遺跡群の動態Ⅳ』（図版Ⅱ-2-38-2）より転載

｜編著者｜松木武彦（まつぎ・たけひこ）1961年愛媛県生まれ。国立歴史民俗博物館教授。日本考古学専攻。大阪大学大学院文学研究科博士課程（考古学）。岡山大学文学部教授を経て、2014年から現職。古墳時代を、国家形成理論、進化・認知科学、人口および古気候の復元などをもとに、人類史の中に位置づける試みを進めている。『旧石器・縄文・弥生・古墳時代 列島創世記（全集 日本の歴史 1）』（小学館）で、2008年度サントリー学芸賞受賞。著書に『未盗掘古墳と天皇陵古墳』（小学館）、『古墳とはなにか　認知考古学からみる古代』（KADOKAWA）、『美の考古学　古代人は何に魅せられてきたか』（新潮社）、『人はなぜ戦うのか 考古学からみた戦争』（講談社）などがある。

考古学《こうこがく》から学《まな》ぶ古墳入門《こふんにゅうもん》　The New Fifties

2019年6月11日　第1刷発行
2024年11月8日　第3刷発行

編著者　松木武彦《まつぎたけひこ》
発行者　篠木和久
発行所　株式会社講談社
東京都文京区音羽二丁目12-21　郵便番号112-8001
電話　編集　03-5395-3560
販売　03-5395-4415
業務　03-5395-3615
印刷所　TOPPAN株式会社
製本所　株式会社若林製本工場

KODANSHA

ISBN978-4-06-516187-6

N.D.C.210.025　120p　21cm